Monique Lebre-Peytard

À L'ÉCOUTE
DES FRANÇAIS

C L E
international

27, rue de la Glacière – 75013
Vente aux enseignants :
16, rue Monsieur-le-Prince – 75006 Paris

© CLE INTERNATIONAL 1991 ISBN 2.19.033215.X

AVANT-PROPOS

À l'écoute des... Français se présente sous la forme d'un livret d'exercices proposés pour l'écoute de 18 interviews enregistrées sur cassette.
Il s'adresse à des apprenants de français langue étrangère de niveau intermédiaire ou avancé, jeunes ou adultes. Les personnes interviewées sont de milieux socio-culturels divers : politique, religieux, commerçant, artistique, sportif, monde du spectacle ou des médias. Les uns sont Parisiens, les autres sont originaires de différentes régions françaises : Bretagne, Alsace, Sud de la France, Bordelais... Ils évoquent chacun à leur manière, par leurs points de vue et leur sensibilité, des aspects variés du patrimoine culturel français.

Les exercices présentés dans ce livret doivent permettre :
– une amélioration de la compréhension orale,
– une sensibilisation des apprenants au fonctionnement des productions orales.

Chaque unité est composée de quatre parties ayant chacune un objectif précis :

QUELQUES REPÈRES
Favoriser un premier contact des apprenants avec le document, en leur faisant repérer ce qui est essentiel au niveau thématique et spatio-temporel.

ÉCOUTER POUR S'INFORMER
Identifier les informations contenues dans le document ainsi que son organisation lexicale et sémantique.

UN PEU DE RÉFLEXION !
Réfléchir, à travers des exercices d'observation et de classement, à l'organisation linguistique du document.

À VOUS LE MICRO... OU LA PLUME !
Réaliser une production orale ou écrite dont le thème est en relation avec celui du document écouté.

Pour aider à la compréhension du document sonore et le replacer dans son contexte socio-culturel, on invite très souvent les apprenants à une comparaison entre le document entendu et d'autres productions authentiques iconiques ou scripturales).

Pour chaque document, une transcription de type orthographique est proposée ; le code en est très simple :
/ pour les pauses, caractère gras pour les accents d'insistance,
() pour les syllabes non prononcées.

Transcriptions des interviews et corrigés sont réunis en fin d'ouvrage. La transcription ne sera consultée que simultanément à l'écoute du document sonore. Le rôle des corrigés est important : le va et vient entre l'écoute du document, la réalisation des exercices, l'auto-correction et les nouvelles écoutes avec corrigés à l'appui, contribueront à l'amélioration de la compréhension orale des apprenants.

Bonne écoute !

Monique Lebre-Peytard

SOMMAIRE

INTERVIEW N° 1

FRANCIS LEMARQUE,
chanteur, auteur, compositeur

QUELQUES REPÈRES

1 À l'aide de ce que dit Francis Lemarque, complétez le texte suivant.

Francis Lemarque est né le .... dans un vieux quartier de Paris, le quartier de .... Les chansons qui, après guerre, l'ont rendu célèbre sont La grenouille, Mon copain d'Pékin, Quand un soldat... Il a également écrit de nombreuses chansons sur Paris telles que : ....
Avec sa guitare, sa voix éraillée, son don de sympathie, il est par excellence "populaire".

2 Quel est le titre de la chanson interprétée par Francis Lemarque dans son interview ?

_____

3 Entourez sur la carte ci-dessous (document 1) les lieux signalés par Francis Lemarque dans son interview.

Document 1

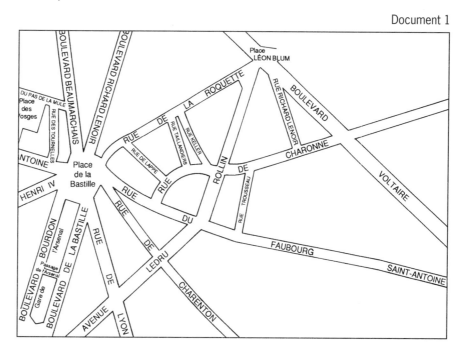

ÉCOUTER POUR S'INFORMER

1 Le texte ci-dessous (document 2) est extrait d'une chanson de Francis Lemarque. Il rappelle un des passages de l'interview de ce dernier. Réécoutez l'interview et écrivez dans les cadres prévus à cet effet le début et la fin du passage.

De

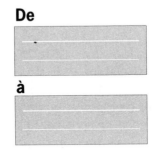

à

"Tous les samedis soir on allait comme ça
Dans un bal musette pour danser comme ça
Dans un vieux quartier fréquenté comme ça
Par des danseurs de java comme ça
Rue de Lappe, rue de Lappe au temps joyeux (…)
Rue de Lappe, rue de Lappe en ce temps-là
À petits pas on dansait la java"

Document 2

2 Lisez maintenant les documents ci-dessous (documents 3, 4, 5). Ils évoquent également d'autres passages de l'interview. Indiquez, dans les cases prévues à cet effet, le début et la fin de chacun d'eux.

De

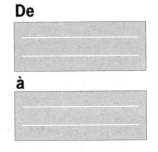

à

Il n'y a pas si longtemps, une trentaine d'années peut-être, il n'était pas insolite de pouvoir apprécier dans la cour d'un immeuble quelque beau gosier qui poussait la chansonnette à domicile, moyennant une obole d'ailleurs facultative.

La chanson populaire est propagée parce que les chanteurs des rues la font connaître, en vendent les partitions, et que les gens la chantent, quasiment en toute circonstance, et finissent par la connaître par cœur et par la transmettre comme ils l'ont reçue. C'est la tradition orale.

Guide de la chanson française contemporaine, Syros International

Document 3

De

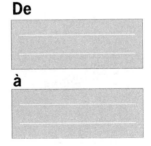

à

(…) dans ce quartier coupé de cours profondes, imprégnées par l'odeur du bois et de la cire et où travaillent menuisiers, ébénistes, on aime encore dresser des lanternes. On aime bien aussi danser, rue de Lappe.

Le Monde, 9 février 1982

Document 4

De

à

Les lieux de divertissements populaires se multipliaient. Les cafés, petits ou grands, accueillaient une clientèle fidèle qui y venait, avant tout, pour boire.

Guide de la chanson française contemporaine, Syros International

Document 5

3 Cochez la bonne réponse.

• *Flâner signifie :*

être paresseux	❏
courir très vite	❏
se promener sans but précis	❏

• *Faire l'école buissonnière signifie :*

jouer à cache-cache	❏
partir à la campagne avec sa classe	❏
aller jouer au lieu d'aller à l'école	❏

UN PEU DE RÉFLEXION

1 Réécoutez le passage qui va du début de l'interview à "*chanter dans les rues*" et remplissez le tableau ci-dessous. Vous pouvez éventuellement vous répartir en deux groupes ; l'un fait la partie "commente", l'autre la partie "raconte".

COMMENTE	RACONTE

7

2 Dans les colonnes de gauche et de droite, sont placés des énoncés qui, dans l'interview, sont reliés par "donc". Dans le tableau, les énoncés sont présentés "pêle-mêle". Regroupez ceux qui vont ensemble en les reliant par une flèche.

a) Mes parents étaient obligés
   de travailler   donc   y avait une vie musicale extraordinaire
                                                                                           pour un enfant libre

b) il y avait des petits des petits bistrots   moi j'avais de quoi
                                                      donc   me remplir les yeux, les oreilles

c) y avait le square Trousseau et le square
   de la Place des Vosges   donc   ils quittaient la maison très tôt

d) y avait vous savez que le Faubourg
   Saint-Antoine est réputé
   pour ses travaux de menuiserie   donc   moi je passais mon temps à flâner

Vérifiez si vos regroupements sont exacts en réécoutant la cassette.

3 Lisez les textes ci-dessous et réécoutez ensuite l'interview. Écoutez la différence.

y avait aussi tous les artisans de / quartier / y avait le Faubourg Saint-Antoine réputé pour ses travaux de / menuiserie et d'ébénisterie / [...]
donc je garde de ce quartier l'image extraordinaire que j'ai peut-être embellie avec mes souvenirs / de découvertes toujours inattendues et qui m'ont passionné pendant de nombreuses années /

Des éléments ont disparu. Replacez-les aux endroits où ils devraient apparaître. À votre avis, quel était leur rôle ?...

À VOUS LE MICRO... OU LA PLUME

Vous êtes chargé de présenter dans une station de radio les transformations du quartier de la Bastille.
Pour préparer votre intervention, vous utiliserez l'extrait de journal de la page suivante.

C'était un des plus anciens et des plus populaires quartiers de Paris. L'arrivée de l'Opéra-Bastille est en train d'en modifier profondément l'aspect et les mœurs.
Non sans réactions des habitants.

Le quartier de la Bastille, à cheval sur les 11e et 12e arrondissements, se souvient du faubourg qu'il a été. Ici, pas d'hôtels particuliers comme dans le Marais, mais des maisons de campagne en matériau léger datant des dix-septième et dix-huitième siècles, dont les jardins se sont garnis au fil des temps de dépôts de voies, d'entrepôts de ferraille, d'ateliers d'ébénisterie et d'entreprises métallurgiques. Il en reste un réseau de cours et d'impasses bordées de médiocres bâtisses où voisinent logements sans confort et manufactures d'antan. C'est en bordure de ce terroir urbain ultra-populaire qu'en 1982 est tombé comme un colossal aérolithe l'opéra présidentiel [...]

On a commencé par démolir l'ancienne gare qui servait de hall d'exposition, chasser quelques centaines d'habitants, bouter dehors les commerces qui occupaient les arcades du viaduc ferroviaire [...]

Une trentaine de galeries ont déjà pignon sur rue à la Bastille. *"Nous avons acheté, rue Keller, une épicerie et un salon de coiffure contigus,* explique Daniel Gris, l'un de ces audacieux, *c'était trois fois moins cher que dans les quartiers d'art traditionnels. Les vrais amateurs rechignent encore à venir jusqu'ici, mais pour nous, c'est un placement qui devrait rapporter dans deux ou trois ans [...]*

Jamais je n'avais vu défiler autant de demandes de permis de construire sur ce quartier, révèle un fonctionnaire des bâtiments de France. *Depuis deux ans, c'est une véritable folie. Ici, on surélève un comble, là, on ravale, plus loin on abat des maisons de trois étages pour en construire six, ailleurs, on achète d'anciennes usines pour y ériger des immeubles de 24 mètres de haut.*

Marc Ambroise-Rendu
Le Monde, 20. 4. 89

INTERVIEW N° 2

QUELQUES REPÈRES

1 Ci-dessous figurent quelques-uns des monuments de Paris. Entourez ceux dont parle M. Abatte.

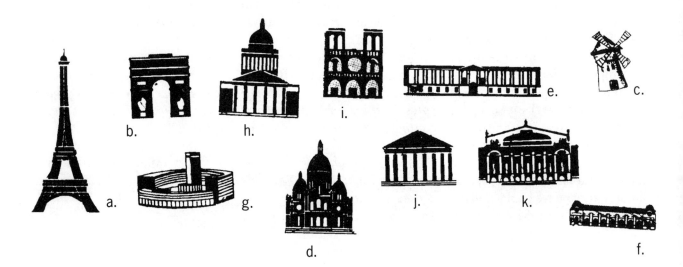

2 Paris compte vingt arrondissements. Quels sont ceux évoqués par M. Abatte ?

3 M. Abatte ne cite qu'une seule grande rue de Paris. Voici une liste de grandes rues de la capitale. Cochez la case de celle qui est citée par M. Abatte.

l'avenue des Champs-Élysées	❏
la rue de Rivoli	❏
l'avenue de l'Opéra	❏
la rue Saint-Antoine	❏
le boulevard Haussmann	❏
le boulevard Saint-Michel	❏

ÉCOUTER POUR S'INFORMER

1 Dans les bulles ci-dessous, vous pouvez lire les opinions de quelques parisiens sur leur quartier.
Comme M. Abatte, ils emploient tous le même mot pour caractériser leur quartier. Lequel ?

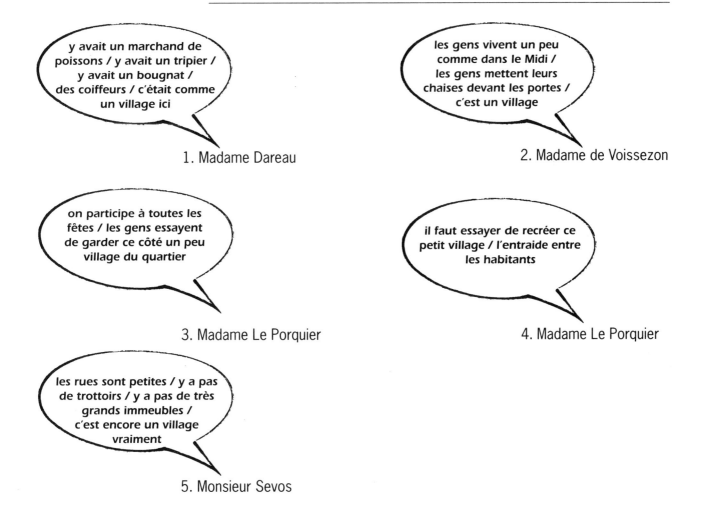

y avait un marchand de poissons / y avait un tripier / y avait un bougnat / des coiffeurs / c'était comme un village ici

1. Madame Dareau

les gens vivent un peu comme dans le Midi / les gens mettent leurs chaises devant les portes / c'est un village

2. Madame de Voissezon

on participe à toutes les fêtes / les gens essayent de garder ce côté un peu village du quartier

3. Madame Le Porquier

il faut essayer de recréer ce petit village / l'entraide entre les habitants

4. Madame Le Porquier

les rues sont petites / y a pas de trottoirs / y a pas de très grands immeubles / c'est encore un village vraiment

5. Monsieur Sevos

De

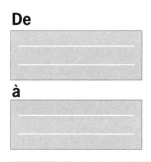

à

2 M. Sevos habite ce même quartier depuis soixante ans. Madame Dareau habite le même quartier depuis cinquante ans. Madame de Voissezon a emménagé dans le quartier, il y a trente ans. Madame Le Porquier y vit depuis vingt cinq ans.
Les Parisiens sont très attachés à leur quartier. M. Abatte évoque également l'affection des habitants pour leur quartier.
Écrivez dans les cases ci-contre le début et la fin du passage où il en parle.

3 Voici un ticket de métro parisien.
Placez dans la bulle ci-contre ce que M. Abatte dit de ce ticket de métro.

4 Une curieuse expression !
Pour décrire la mimique des Parisiens parlant de leur quartier, M. Abatte utilise une expression originale. Des trois phrases employées ci-dessous, quelle est celle de M. Abatte ? Cochez la bonne réponse.

Quand ils en parlent, ils ont les yeux écarquillés ❑

Quand ils en parlent, ils ont les yeux ronds comme des billes ❑

Quand ils en parlent, ils ont les yeux qui leur sortent de la tête, comme si c'étaient des phares ❑

UN PEU DE RÉFLEXION

1 Dans les phrases ci-dessous, M. Abatte prononce certains mots avec une insistance particulière. Écoutez attentivement l'interview de M. Abatte et soulignez-les.

Paris c'est un tout

où voulez-vous trouver au monde

tout c(e)t ensemble de choses / je veux dire où

mais Paris c'est Paris

un ticket de métro vous faites le tour de Paris

je veux dire c'est fabuleux

je veux dire que les yeux parlent pour eux.

2 a – Ce schéma en deux parties représente deux moments importants de l'interview de M. Abatte, mais il y manque des mots : retrouvez-les et écrivez-les à la place qui convient.
b – Le présentatif "c'est" reprend un ou des éléments des différentes phrases. Encadrez ces éléments.
c – Proposez un titre pour chacune des parties.

<table>
<tr><td align="center">A</td><td align="center">B</td></tr>
</table>

A	B
	MAIS
Paris	Paris
.... un tout	.... un village
.... la capitale de la France euh	que ...... soit le septième
	que ...... soit le dix-septième
Paris	que ...... soit le vingtième
comment vous expliquer	que ...... soit le quatorzième (...)
Paris	je ...... dire
...... la tour Eiffel	.... des villages à la fois
...... l'Arc de triomphe	je ...... dire
...... Paris ...... la butte Montmartre	...... fait soixante ans que j'habite ici
...... le Sacré-Cœur	...... qu'il y a une raison
je ...... dire (...)	quand des gens restent aussi longtemps à un endroit ...... qu'ils s'y plaisent (...)

À VOUS LE MICRO... OU LA PLUME

Vous interviewerez un ou une de vos camarades sur la ville qu'il préfère. Enregistrez votre production. Vous réaliserez cet exercice à deux si possible.

INTERVIEW N° 3

ARLETTY,
comédienne

QUELQUES REPÈRES

1 Arletty et la capitale. Combien de fois Arletty cite-t-elle le nom de la capitale de la France ?

_____

2 "Paris sera toujours Paris". Dans cette interview, Arletty parle de la chanteuse qui interprétait cette chanson. Vous avez ci-contre une photo de cette interprète, ainsi que quelques renseignements sur sa carrière, mais quel est son nom ?

_____ (1873-1956)

Elle symbolisait "la Parisienne".
Elle était meneuse de revue.
Elle fut longtemps la partenaire de Maurice Chevalier.

3 Dans l'extrait d'article de journal ci-dessous, le journaliste nomme une des deux villes de banlieue qu'Arletty aime particulièrement.

Laquelle ? _____

En vous aidant de l'article, expliquez pourquoi Arletty a une affection particulière pour cette ville.

Bon anniversaire ARLETTY !

Pour célébrer son 90ᵉ anniversaire, Courbevoie, sa ville natale, organise une rétrospective exhaustive de ses films qui commence aujourd'hui avec "Les Visiteurs du soir" pour s'achever le 16 juin avec "Circonstances atténuantes".

Le 19 avril, la ville natale d'Arletty lui rend hommage en rebaptisant de son nom la rue de Paris, où elle a vu le jour le 16 mai 1898.

"Au n° 33, un rez-de-chaussée sombre, sur cour, éclairé par le sourire de mes parents."

ÉCOUTER POUR S'INFORMER

1 Voici trois définitions du mot "banlieue". Cochez la bonne réponse.

la banlieue c'est le quartier où l'on habite ❏

*la banlieue c'est l'ensemble des localités
qui entourent une grande ville* ❏

la banlieue est une petite ville de province ❏

2 Mettez une croix dans la colonne qui convient.

	VRAI	FAUX
a) *Les parents d'Arletty se sont mariés à Paris*	❏	❏
b) *Arletty appartenait à une famille qui est parisienne depuis plusieurs générations*	❏	❏
c) *Arletty est née à Paris*	❏	❏
d) *Arletty a été élevée à Montferrand*	❏	❏
e) *Arletty a été pensionnaire à Puteaux*	❏	❏
f) *Arletty n'aime que quelques quartiers de Paris*	❏	❏

3 Comparez l'interview d'Arletty et de M. Abatte. Relevez dans leurs propos deux expressions qui montrent qu'ils ont une opinion similaire sur la capitale.

M. Abatte   Arletty

_____   _____

_____   _____

UN PEU DE RÉFLEXION

1 Cette transcription n'est pas fidèle. Restituez ce qu'Arletty a effectivement dit.

Je ne suis pas une vraie Parisienne / _____

Je n'ai pas d'ancêtres de trois ou quatre cents ans / _____

Je suis cependant parisienne parce que mes parents s'y sont mariés / _____

Par mes parents, j'ai des origines auvergnates / _____

J'ai d'ailleurs été élevée à Montferrand aussi / _____

J'ai donc aussi une culture auvergnate / _____

15

2 Cette courte interview est surtout intéressante parce que nous y notons "la présence" d'Arletty. Celle-ci se manifeste de différentes manières ; nous les avons résumées sous forme de tableau. À vous de le remplir.

Arletty raconte	Arletty donne une opinion	Arletty hésite

À VOUS LE MICRO... OU LA PLUME

Transformez les propos d'Arletty en reconstituant l'interview de départ. Pour cela, formulez des questions, que vous insérerez aux endroits convenables. Enregistrez votre production.

INTERVIEW N° 4

FRANÇOIS LE QUÉMENER, prêtre

QUELQUES REPÈRES

---

1 Cochez la bonne réponse.

François Le Quémener est-il :

breton	❏
basque	❏
corse ?	❏

2 Complétez le passeport de François Le Quémener en précisant sa profession et son lieu de naissance.

Nom : Le Quémener

Prénom : François

Né le : 2 octobre 1935

À : _____

Profession : _____

3 Entourez sur la carte ci-jointe la ville citée par François Le Quémener.

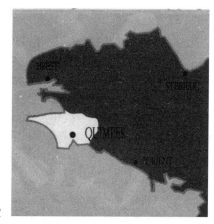

Document 2

ÉCOUTER POUR S'INFORMER

1 Cochez la bonne réponse.

Le mot *gars* signifie :

le mâle de l'oie	❑
un jeune homme	❑
un enfant turbulent	❑

Avoir l'œil signifie :

ne pas avoir de chance	❑
surveiller attentivement	❑
regarder méchamment	❑

En Bretagne, le mot *recteur* est l'équivalent de "curé".

Mais qu'est-ce qu'un *vicaire* ? _____

2 Les deux fragments ci-dessous sont empruntés à l'œuvre du romancier breton P.-Jakez Hélias *Le Cheval d'orgueil* (document 3 et document 4).
De quels passages de l'interview pouvez-vous les rapprocher ? Après lecture des documents, réécoutez le document sonore et écrivez dans les cadres prévus à cet effet le début et la fin du passage.

De

à

"Le dimanche, nous devons tous aller à la grand-messe et ensuite aux vêpres* (...). Il est entendu que quiconque ne va pas à la grand-messe ne doit pas sortir dans la rue à moins d'absolue nécessité (...). Le recteur de la paroisse mérite bien son nom. Il nous mène droit et ferme."

Plon, coll. Terre Humaine

Document 3

_____

* vêpres : messe célébrée le soir au coucher du soleil.

De

à

"On oublie toujours que nous sommes (...) des immigrés, dans une civilisation qui n'est pas la nôtre".

Plon, coll. Terre Humaine

Document 4

3 Lisez maintenant les deux documents ci-dessous (documents 5 et 6). Ils sont du même romancier breton :

"À l'église, on parle, on chante en breton, le catéchisme* est en breton (...). À l'école, nous n'entendons que du français, nous devons répondre avec les mots français (...) c'est dans la cour que nous risquons de nous faire surprendre à bavarder (...). La punition infligée aux écoliers s'appelle la vache (...). La vache est souvent symbolisée par un objet (...) un galet de mer, un morceau de bois, un sabot cassé que le maître d'école remet au petit bretonnant*... le détenteur* de la vache n'a de cesse qu'il ait surpris un de ses camarades en train de parler breton."

Pierre-Jakez Hélias *Le Cheval d'orgueil*. Plon, coll. Terre Humaine

* catéchisme = enseignement de la religion
* bretonnant = qui parle breton
* détenteur = celui qui détient, qui possède.

Document 5

"Le breton et la foi sont frère et sœur en Bretagne.
sans le breton, pas de Bretagne (extrait de chant breton). Il n'y a pas à se faire d'illusion. (...) La trinité Bretagne-Foi-Breton a rompu son alliance*."

* Les trois mots ne vont plus ensemble, ne symbolisent plus la Bretagne.

Document 6

Écoutez maintenant les deux passages (A et B) suivants du document sonore de "on nous interdisait"... à "lui passait le sabot" (A) et de "j'ai vécu moi en Bretagne un christianisme" à "pas du tout sûr qu'ils le soient". Les documents 5 et A, 6 et B traitent d'un sujet similaire.

Imaginez un titre pour 5/A et 6/B.

_____   _____

Toutefois les opinions de Pierre-Jakez Hélias et François Le Quémener se ressemblent par certains côtés, sont différentes par d'autres. Inscrivez dans le tableau ci-dessous les ressemblances et les différences :

Pierre-Jakez Hélias	François Le Quémener

UN PEU DE RÉFLEXION

1 Lisez le passage ci-dessous :

"ma langue maternelle est le breton peut-on m'interdire d'être breton / le breton et le français peuvent s'enrichir naturellement il ne faut pas me demander de renier mes racines profondes et d'être un être dépersonnalisé et déraciné" /

Certains propos ont été transformés. Rétablissez ce qu'a véritablement dit François Le Quémener, et vérifiez votre travail en réécoutant l'interview. À votre avis, à quoi servent les éléments qui ont été transformés ?

2 Dans les colonnes de gauche et de droite, sont placés des énoncés qui, dans l'interview, sont reliés par les mots "mais", "ben" et "bon". Dans le tableau, les énoncés sont présentés "pêle-mêle". Regroupez ceux qui vont ensemble, en les reliant par une flèche, et placez dans le cadre central le mot de liaison. Vérifiez si vos regroupements sont exacts en réécoutant la cassette.

1) *j'ai une carte d'identité française*   ☐   a) *son rôle était de surveiller les autres.*

2) *le gars qui avait le sabot*   ☐   b) *dans la semaine vous pouvez être sûr*

3) *il y a une pratique religieuse*   ☐   c) *je suis né dans une ferme bretonne*

4) *il y a une tête là je l'ai pas vue*   ☐   d) *je n'affirmerai pas globalement que les gens ont la foi*

5) *une foi réelle j'ai senti chez beaucoup de gens*   ☐   e) *qui n'est pas forcément la foi*

3 Dans son interview, François Le Quémener cite la rencontre du "recteur" et d'un de ses paroissiens. Pourriez-vous reconstituer leur rencontre et le commentaire qu'en fait François Le Quémener. Remplissez les bulles prévues à cet effet.

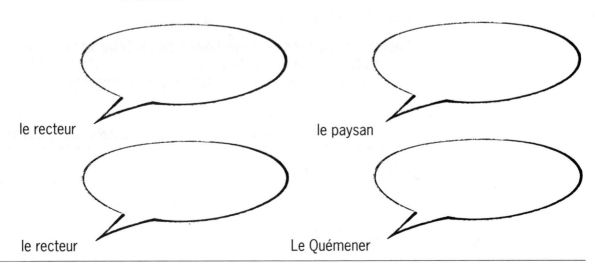

le recteur   le paysan

le recteur   Le Quémener

À VOUS LE MICRO... OU LA PLUME

Vous êtes chargé de faire une présentation rapide pour une émission sur les régions, de l'Alsace et de la Bretagne. Vous allez pour cela réutiliser des extraits des interviews de Gérard Redelsperger et François Le Quémener. Vous devrez aussi rédiger un "chapeau" où vous présenterez rapidement les deux régions et vos deux interlocuteurs. Vous prévoirez également deux questions pour chacune des deux personnes que vous insérerez à l'intérieur des passages des deux interviews que vous aurez sélectionnés.

Enregistrez à la suite :

– votre présentation,
– les extraits des deux interviews précédés de vos questions.

QUELQUES REPÈRES

1 Entourez sur la carte de France ci-dessous, la région dont le locuteur est originaire.

2 Les noms ci-dessous sont des noms de villages alsaciens ; encadrez le nom du village dont parle le locuteur.

Ungersheim

Wettolsheim

Wintzenheim

Turckheim

Shiltigheim

Ostheim

Pfaffenheim

3 Tous ces noms ont une partie commune. Laquelle ? _____

Gérard Redelsperger explique qu'elle a pour lui une grande importance.

Laquelle ? _____

ÉCOUTER POUR S'INFORMER

---

1 Lisez attentivement le document ci-dessous.

> Des fleurs partout ! Au bord des fenêtres
> – sur le pas des portes – abondants dans de
> larges corbeilles, les géraniums, pétunias,
> sprengeris ornent les maisons de Turckheim,
> discret message d'accueil et de bienvenue au
> village.

Document 1

De

à

Réécoutez maintenant le début de l'interview de G. Redelsperger, et cherchez le passage qui contient des informations similaires. Écrivez dans les cadres ci-contre le début et la fin de ce passage.

2 Regardez les deux photos que vous avez sous les yeux (documents 2 et 3), et en vous aidant des propos de Gérard Redelsperger, écrivez sous chacune d'elle le nom des objets représentés.

Document 2

Document 3

3 Examinez le dessin et la photo ci-dessous.
Quel animal représentent-ils ?

Document 4

De

à

Document 4

Document 5

De

à

Document 5

Quel passage de l'interview vous rappelle le dessin ? Écrivez le début et la fin du passage.

Faites de même pour la photo.

4 a) En vous aidant des propos de Gérard Redelsperger, complétez cette description de la cigogne :

Cigogne (n.f.)

(Encycl.) Elle fait encore son nid dans quelques régions de France (vallée de la Saône, Ardennes, ...) Elle migre en hiver vers .... Les cigognes ont environ deux ou trois petits .... par portée.

b) Dans le texte ci-dessous vous lirez une explication scientifique sur la disparition des cigognes :

Les cigognes se nourrissent en grande partie avec des petits animaux qui vivent dans les marais*. L'assèchement des marais** et l'emploi des engrais*** en agriculture sont la cause de leur disparition.

* marais : nappe d'eau de faible épaisseur.
** assèchement : mise à sec des marais.
*** engrais : produits utilisés pour rendre la terre plus fertile.

Gérard Redelsperger donne une tout autre explication de la disparition momentanée des cigognes. Laquelle ?

UN PEU DE RÉFLEXION

1 a) Dans quelques mots des phrases ci-dessous, Gérard Redelsperger ne prononce pas certaines consonnes. Écoutez attentivement et entourez les consonnes non prononcées.

ils / ont beaucoup de fleurs ils aiment la nature / ils ont / ils ont un amour / de ce qu'ils ont / de de leur terre de leur jardin / également de leur intérieur / parce que les intérieurs alsaciens sont / sont particuliers /

b) Attention : Écoutez très attentivement. Comment Gérard Redelsperger prononce-t-il le mot "sucre" ? À votre avis, pourquoi ?

2 Lisez les phrases ci-dessous, des mots ont disparu. En écoutant les propos de Gérard Redelsperger. Écrivez ce que le locuteur a effectivement dit. Que constatez-vous ?

1. *mon home est mein Heim*   1) _____

2. *les Alsaciens aiment bien vivre*   2) _____

3. *l'Alsace a une âme particulière*   3) _____

4. *la cigogne apporte des enfants*   4) _____

5. *les cigogneaux apprennent à voler*   5) _____

6. *s'ils n'arrivent pas à apprendre*

    à voler, ils sont condamnés   6) _____

Colmar,

64 000 habitants, station de tourisme située au cœur de l'Alsace. Elle est également le chef-lieu du Haut-Rhin. Capitale du vin d'Alsace, c'est une ville d'art et d'histoire et une des cités les plus agréables et les plus visitées d'Alsace.

Colmar est une vieille ville très bien conservée, desservie par une vaste zone piétonne. Le vieux Colmar avec ses nombreuses maisons aux poutres apparentes, aux pignons finement travaillés et aux riches enseignes est un lieu idéal de flânerie.

Colmar possède également l'un des plus prestigieux musées de France, le musée d'Unterlinden, du 13e siècle.

Venir à Colmar c'est également renouer avec une tradition gastronomique toujours bien vivante dans une ville où il fait bon vivre.

À VOUS LE MICRO... OU LA PLUME

Voici un extrait d'un dépliant touristique concernant une autre ville alsacienne : Colmar. Vous êtes chargé de présenter cette ville dans une station de radio régionale. Vous avez 1' 30" pour le faire. Enregistrez votre production.
Attention ! Ne vous contentez pas de lire le document. Pensez qu'il doit être écouté par d'autres et que vous devez les persuader de l'intérêt que présente cette cité !

INTERVIEW N° 6

CÉSAR,
sculpteur

QUELQUES REPÈRES

1 À l'aide de ce que dit César dans son interview, complétez cette courte présentation du sculpteur.

César, de son vrai nom Baldacinni, est né à .... en 1921. Sculpteur, il est connu en particulier pour ses "compressions" réalisées à la presse, à partir de carrosseries automobiles. Sculpteur contemporain connu, il a réalisé de nombreuses expositions à .... mais aussi à ....
et à ....

2 Mettez une croix dans la colonne qui convient.

	VRAI	FAUX
a) *César aime la cuisine à base de beurre et de crème*	❏	❏
b) *César apprécie la cuisine à base d'huile d'olive*	❏	❏
c) *À New York, César déjeune dans les MacDonald*	❏	❏
d) *La cuisine lyonnaise ressemble à la cuisine méridionale*	❏	❏

ÉCOUTER POUR S'INFORMER

1 Lisez ci-dessous une recette typiquement méridionale. Entourez dans le texte de la recette les mots utilisés par César pour caractériser la cuisine du Midi.

Ratatouille niçoise

Préparation : 40 minutes	2 poivrons verts ou rouges
Cuisson : 2 heures	12 oignons moyens
Pour 6 à 8 personnes :	bouquet garni
6 aubergines	2 gousses d'ail
4 courgettes	1 l d'huile d'olive
6 tomates	sel, poivre

Épluchez les aubergines, coupez-les en tranches, saupoudrez-les de sel, gardez-les en attente 20 à 30 minutes. Mettez les poivrons au four vif. Dès qu'ils sont grillés, retirez la peau, coupez-les en lanières en évinçant les pépins. Ébouillantez les tomates, enlevez la peau, coupez-les en travers pour les épépiner.

Mettez l'huile dans la bassine à friture, faites-la chauffer. Pendant ce temps, rincez et épongez les aubergines, coupez-les en cubes. Jetez-les dans l'huile chaude ; à grand feu, faites-leur juste prendre couleur. Égouttez, mettez dans le poêlon où cuira la ratatouille. Faites successivement frire les courgettes coupées en cubes, les oignons coupés en rondelles, les tomates, retirez-les et mettez-les chaque fois dans le poêlon. Enfin, ajoutez les poivrons, l'aïl, le bouquet. Poivrez, couvrez, mettez à feu doux, laissez mijoter 1 h 1/2 à 2 heures en remuant de temps en temps pour que le fond n'attache pas. Ne salez qu'en fin de cuisson et faites bouillir à grands bouillons à découvert, dans les dernières minutes, si la ratatouille a donné trop de jus. Servez chaud ou froid. La ratatouille froide acidifiée d'un jus de citron est un hors-d'œuvre exquis ■

2 À votre avis, qu'est-ce qu'un bistrot ? Cochez la bonne réponse.

un bistrot est un restaurant de luxe ❑

un bistrot est un restaurant marseillais ❑

*un bistrot est un café-restaurant généralement
assez populaire où on retrouve des amis.* ❑

UN PEU DE RÉFLEXION

1 Dans la colonne de gauche (A), vous trouverez des débuts de phrase ; dans celle de droite (B), des fins de phrases. Mais tout a été mélangé ! Reliez par une flèche les éléments qui vont ensemble.

	A		B
a.	*les gens du Midi*	a'.	*c'est toujours des aubergines des courgettes des tomates*
b.	*ma cuisine*	b'.	*c'est ça être du Midi*
c.	*les bistrots où je vais manger*	c'.	*c'est une cuisine de l'olive*
d.	*pas de beurre, pas de crème*	d'.	*ils restent toujours du Midi*

2 Il existe des différences entre ce que dit César et ce qui a été transcrit ci-dessous. Rétablissez le texte exact.

comme les Italiens se sont imposés dans le monde / on trouve toujours même

_____

à Londres des restaurants italiens très connus partout / donc je trouve toujours

_____

un endroit où je peux manger quand je suis à New York / je vais pas dans un

_____

MacDonald je trouve toujours un bistrot / ou un italo quelconque ou alors un

_____

restaurant français

_____

À votre avis, à quoi servent les mots qui avaient été oubliés ?

_____

_____

À VOUS LE MICRO... OU LA PLUME

Vous expliquez, dans le cadre d'une émission sur les recettes régionales, la recette de la ratatouille dont le texte vous a été donné ci-dessus. Vous disposez de 2'.

INTERVIEW  N° 7

CAROLINE MATHIEU,
conservatrice au musée d'Orsay

Le musée d'Orsay

QUELQUES REPÈRES

1 Parmi ces différentes occupations, quelles sont celles qui correspondent aux activités de conservatrice de musée, telles qu'elles sont décrites par Caroline Mathieu ? Cochez les bonnes réponses.

veiller au bon état du bâtiment ❏
préparer des expositions ❏
vendre des oeuvres d'art ❏
organiser des échanges avec d'autres musées ❏
obtenir de l'argent pour subventionner les expositions ❏

2 Caroline Mathieu cite trois grands peintres du XIXe. Cochez les bonnes réponses.

Manet (1832-1883) ❏
Gauguin (1848-1903) ❏
Degas (1834-1917) ❏
Odilon Redon (1840-1916) ❏
Van Gogh (1853-1890) ❏
Renoir (1841-1919) ❏

3 En dehors du musée d'Orsay, Caroline Mathieu cite deux autres grands musées parisiens. Vous trouverez ci-dessous la description de trois musées de la capitale. Cochez ceux dont parle Caroline Mathieu.

Le Louvre ❑

Le Grand Palais ❑

Centre National d'Art et de culture Georges Pompidou ❑

Installé dans l'ancien Palais des rois de France, le Louvre comprend de nombreux départements : antiquités (égyptiennes, grecques, romaines), sculptures, objets d'art, peintures. En pleine rénovation, sa célèbre pyramide a donné lieu à de nombreuses polémiques.

Vaste lieu d'expositions temporaires, le Grand Palais fut à l'origine un pavillon construit pour l'exposition universelle de 1900.

Inauguré en janvier 1977.
Centre regroupant plusieurs départments : une bibliothèque, un centre de création industrielle, un musée d'art moderne, une cinémathèque...
De très nombreuses activités et expositions.

ÉCOUTER POUR S'INFORMER

1 Cochez la bonne réponse.

• Le mot *emprunteur* signifie :

quelqu'un qui achète quelque chose	❑
quelqu'un qui prête quelque chose	❑
quelqu'un qui se fait prêter quelque chose	❑

• Le mot *mécène* signifie :

une personne ou un organisme qui organise des spectacles	❑
un spécialiste en publicité	❑
une personne ou un organisme qui aide financièrement les arts ou les sciences	❑

2 Lisez et regardez les trois documents ci-dessous et ci-contre.
Ils évoquent trois extraits de l'interview. Écrivez dans les cases prévues à cet effet le début et la fin de chaque passage.

Document 1

Document 2

Document 3

MÉCÉNAT

Orsay hors les murs

Vingt-six tableaux impressionnistes et post-impressionnistes choisis dans les collections du musée d'Orsay vont partir en tournée dans le sud de la France : première étape : Antibes, musée Picasso pour l'été (du 14 juin au 31 août) ; deuxième étape : Toulouse, musée des Augustins (septembre-octobre) ; troisième et dernière étape : Lyon, Musée des beaux-arts (novembre-décembre). Cézanne, Degas, Gauguin, Manet, Monet, Renoir, Signac... tous représentés (sauf Seurat, Redon et Toulouse-Lautrec dont les œuvres, trop fragiles, ne pouvaient supporter les risques d'un voyage).

G.B.
Le Monde, 25.5.85

(...) Cette exposition constitue le prêt le plus important consenti par la Direction des musées de France à des musées de province, elle ne pouvait se concevoir sans un financement extérieur (...) Le groupe SARI-SEERI, entreprise française de construction, s'engage résolument dans des opérations de mécénat industriel.

Le Monde, 25.5.85

De

De

De

à

à

à

3 Mettez une croix dans la colonne qui convient. En cas de réponse fausse, rétablissez la vérité. Si vous hésitez, réécoutez la cassette !

	VRAI	FAUX
a) le musée d'Orsay prête cent œuvres chaque année	❏	❏
b) l'organisation de l'exposition Gauguin a été réalisée en collaboration avec le musée de Chicago	❏	❏
c) un tableau de Van Gogh devrait être assuré à 400 millions de francs	❏	❏
d) à Anchorage, il faisait moins vingt degrés	❏	❏
e) l'exposition sur la tour Eiffel a été financée par un sponsor américain	❏	❏
f) la banque le Crédit Lyonnais a aidé le musée d'Orsay en finançant l'achat de meubles de Van de Velde*	❏	❏

* Van de Velde (1863-1957)
Architecte, décorateur et peintre belge, a créé de nombreux modèles de meubles, de céramiques, de tissus, de vêtements...

UN PEU DE RÉFLEXION

1 Caroline Mathieu ponctue les informations qu'elle donne sur son travail d'opinions telles que "c'est de la folie", "c'est complètement fou"...
Dans la colonne de droite, on a placé dans des bulles les opinions personnelles de Caroline Mathieu ; dans celle de gauche, les informations qu'elle nous donne. Opinions et informations sont mélangées. Reliez par une flèche les commentaires et les informations auxquelles ils se rapportent.

INFORMATIONS

OPINIONS

a. c'est énorme vous savez

a'. des prêts de l'U.R.S.S.

b. c'est pas si facile

b'. des arrangements nécessaires

c. c'est assez normal

c'. départ de 300 œuvres

d. c'est de la folie

d'. les dangers d'un métier

e. c'est c'est complètement fou

e'. le prêt du Crédit Lyonnais

f. c'est un métier merveilleux

f'. la cote de Van Gogh à 400 millions de francs

g. c'est absolument impossible

g'. la loi du marché

h. c'est c'est quand même du mécénat

h'. des tableaux dans une soute non climatisée

2 Chacun des verbes ci-dessous est à l'infinitif et a perdu sa marque temporelle et son pronom. Redonnez vie à ces verbes en les mettant au temps qui convient et en leur rendant leur pronom !

JE ? ON ? NOUS ? VOUS ? ILS ?

a) écouter _____

b) savoir _____

c) être gros prêteur _____

d) faire des expositions _____

e) donner quelque chose en échange _____

f) demander de faire une exposition _____

g) avoir une chance extraordinaire _____

h) prêter à Tokyo _____

i) être désolé _____

j) avoir du courage _____

k) avoir un sponsor japonais _____

3 Dans le récit de Caroline Mathieu sur "l'incident" d'Anchorage, un des fonctionnaires de l'aéroport apprend au collègue de celle-ci les problèmes techniques de l'avion. On a placé dans la bulle de gauche les propos du fonctionnaire. À l'aide des autres informations de Caroline Mathieu, imaginez la réponse du collègue et inscrivez ses propos dans la bulle de droite.

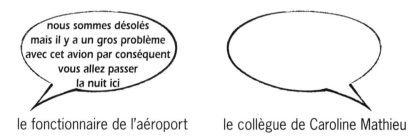

nous sommes désolés mais il y a un gros problème avec cet avion par conséquent vous allez passer la nuit ici

le fonctionnaire de l'aéroport   le collègue de Caroline Mathieu

À VOUS LE MICRO... OU LA PLUME

En vous inspirant des extraits du *Monde* (cf. Document 1 et Document 3) ainsi que des propos de Caroline Mathieu, rédigez un bref article d'une dizaine de lignes sur le mécénat.

JÉRÔME MESNAGER,
artiste peintre

QUELQUES REPÈRES

1 Voici plusieurs étiquettes de voyage.
Quelles sont celles que Jérôme Mesnager peut coller sur son sac à dos ?
Entourez-les.

ANGLETERRE PORTUGAL MAURITANIE CHINE AUSTRALIE HOLLANDE BRÉSIL JAPON ITALIE

2 Parmi ces objets, quel est celui que Jérôme Mesnager emporte dans tous ses déplacements ? Signalez-le par une croix.

 a.

 b.

 c.

---

3 Voici trois types de "graffiti"* que l'on peut actuellement voir dans les rues de Paris. Entourez celui créé par Jérôme Mesnager.

c. Bonhomme blanc

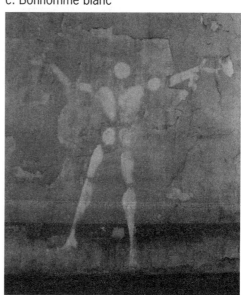

b. Bombage

a. Tag

* inscriptions ou dessins réalisés sur les murs. Ces dernières années, les graffiti ont fleuri sur les murs de la capitale, déclenchant une querelle : est-ce une marque de dégradation, ou une forme d'art "spontané" ?

ÉCOUTER POUR S'INFORMER

1 Cochez la bonne réponse.

• *Carrément* dans "cette dimension qui nous dépasse *carrément*" est une expression familière qui signifie :

de forme carrée	❏
complètement	❏
malheureusement	❏

• *À la limite* dans "le même corps (...) devenait perdu *à la limite* au milieu de cette immense cité" est une expression familière qui signifie :

à la fin	❏
presque	❏
tout à fait	❏

• *À perte de vue* dans "j'ai marché toute une journée *à perte de vue*" signifie :

à en perdre la vue ❏

très loin ❏

jusqu'à la limite de l'épuisement ❏

2 Lisez les documents 1 et 2.
Quels sont les passages de l'interview qu'évoquent indirectement les deux documents ? Écrivez dans les cases prévues à cet effet le début et la fin de chaque passage.

Document 1

"Le fantôme du corps blanc se promène la nuit dans Paris, et, quand il s'arrête quelque part, il laisse son empreinte sur la porte ou le mur contre lequel il est appuyé" explique Jérôme Mesnager. (...) Il y en a plus de mille aujourd'hui à Paris, dans les souterrains de Jérusalem, dans la forteresse de Saint-Jean-d'Acre, au fond du désert du Néguev. Il se balade* la nuit avec un pot de peinture et un gros pinceau..."
Révolution 4-82

* il se promène

Document 2

"Dans l'ensemble, les passants réagissent bien face à ce petit bonhomme qu'ils rencontrent au cours de leurs déplacements..."
Révolution 4-82

De

à

De

à

Le document 2 donne des informations qui ne sont pas dans l'interview.

Lesquelles ? _____

_____

Lisez maintenant le document 3 et complétez les informations du journal, grâce aux renseignements donnés par Jérôme Mesnager.

"Aujourd'hui Mesnager a quitté Paris. Il est à Rome où il poursuit son travail. Mais L'Italie n'est qu'une étape. Il veut couvrir la planète de fantômes à son image."
Révolution 4-82   Document 3

_____

_____

_____

_____

_____

3 En vous aidant de l'interview, dites à quels lieux du voyage de Jérôme Mesnager correspondent les documents 4, 5 et 6.

Document 4

Document 5

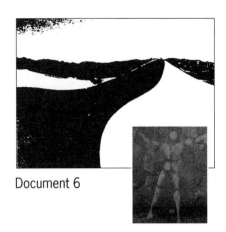

Document 6

UN PEU DE RÉFLEXION

Dans ces quatre fragments de l'interview, présentés sous forme de schémas, il manque des mots. Replacez-les. Ils reprennent tous un mot ou une idée. Entourez-les et reliez-les par une flèche aux mots "retrouvés".

a) *j'ai traversé le désert de Mauritanie*

        et .... bon ben .... un autre aspect du monde

        et ....

        .... était passionnant.

b) *j'ai été à New York*

        et .... j'ai découvert la la folie des États-Unis ces immenses buildings / cette dimension (...)

        et .... a été une image étonnante

        et .... le même corps (...) ben devenait perdu (...) dans cette immensité.

c) *et puis surtout le grand voyage*

        .... a été la Chine

        et .... j'ai peint en pleine ville / à Shanghaï (...)

d) *et ma surprise*

        .... a été tous les gens qui sont venus.

2 La colonne de gauche comporte l'énoncé d'événements, celle de droite leurs conséquences. Mais ils ont été mélangés ! Reliez par une flèche le fait énoncé et la conséquence qui en découle.

FAITS	CONSÉQUENCES
a. *je suis parti avec mon sac à dos*	a'. ***et là*** *j'ai marché toute la journée*
b. *j'ai traversé le désert de Mauritanie*	b'. ***et*** *ils m'ont apporté de la bière*
c. *j'ai voulu voir l'opposé un petit peu la ville*	c'. ***donc*** *j'ai été à New York*
d. *les gens m'ont fait une fête*	d'. ***et*** *j'ai abordé le Sénégal et la Mauritanie*
e. *je pouvais pas communiquer avec la parole*	e'. ***et là*** *bon ben c'est un autre aspect du monde*
f. *j'ai été peindre sur la Muraille de Chine*	f'. ***et là*** *j'ai découvert quelque chose d'extraordinaire*

3 Jérôme Mesnager ne dit pas :

je suis allé à New-York
je suis allé en Hollande
je suis allé en Angleterre
je suis allé à Amsterdam
je suis allé peindre sur la Muraille de Chine.

mais il dit : " .... ".
À votre avis, pourquoi ?

À VOUS LE MICRO... OU LA PLUME

En vous aidant des extraits d'articles de journal ci-contre, et des documents 2 et 3 vous enregistrez deux points de vue, et vous organisez un débat avec vos camarades : pour ou contre les graffiti ?

Variante : en vous aidant des articles de journaux et de la photo ci-contre, vous imaginez la conversation entre "l'effaceur de tags" et celui qui le regarde.

Les potaches* pocheurs dans Paris

L'épicentre semble être le Marais, même si le phénomène commence à mordre sur les 1er, 3e et 12e arrondissements tout proches. Charlemagne, Victor-Hugo, Le Grenier sur l'Eau et Sophie Germain, les quatre lycées du quartier, s'embrasent pour le *"graffiti au pochoir"*. Sam poursuit son explication : *"Il ne faut pas faire un travail bâclé. Regarde ce graffito. C'est sûrement des képons (punks). Il est crado, il dégouline. Le mec, il devrait savoir qu'il faut "bomber" à 30 cm du mur. Sinon, ça bave !"* Mais il y a aussi des vrais *"pros"*. *"Ceux qui arrivent à jouer avec les ombres et les lumières, et avec les volumes... Et puis l'écriture. "Strom", des mecs de Charlemagne, ils font carrément des lettres gothiques. C'est dément comme travail !"* La recette est la même pour tout le monde : les bombes sont achetées au BHV, au rayon modélisme du premier étage, *"parce qu'au rayon bricolage elles sont 1 F plus chères »*. Il faut aussi se procurer des gants *"Mapa"* : *"c'est moins salissant pour celui qui tient le pochoir.»* Enfin, trouver une surface adéquate : de préférence blanche, vierge de toute inscription, et aussi lisse que possible.

* potaches = lycéens.
pocheurs = qui font du "pochoir", technique utilisée pour les "graffitis".

Olivier Lamour
Libération, 3. 4. 85

New York, ses deux tours jumelles, sa peur, son ghetto. New York, migration, melting-pot, mobilité. New York, ses murs fantômes et son métro dantesque (*"Vous qui entrez, laissez toute espérance"*) sont les derniers bas-fonds de l'activisme graffitique moderne, futurs hauts-lieux archéologiques d'une métropole décadente et néanmoins progressive pour tout ce qui touche la *scène* artistique.

Aucune manifestation "artistique" pour les uns (en principe ceux qui les font) et "sociologique" pour les autres (en général ceux qui en parlent), n'aura connu un tel épandage publicitaire. Une brouette de documents l'atteste ; engrais pour les apologistes et fumier pour les détracteurs ont généreusement contribué à fertiliser ce terrain vague de la créativité et de la communication de masse que sont les graffiti *made in U.S.A.*

Pascaline Cuvelier
Libération, 28 octobre 1981

INTERVIEW N° 9

ROBERT BENBIHY,
directeur de l'Opus Café

QUELQUES REPÈRES

1 Les mots ci-dessous désignent des types de musique. Entourez ceux qui relèvent de la spécialité de l'Opus Café.

ROCK JAZZ VARIÉTÉS

CLASSIQUE OPÉRA

2 Cochez la case qui convient.

La clientèle de l'Opus Café est composée :

de personnalités du spectacle ❏
d'habitants du quartier ❏
de mélomanes qui ne vont pas au concert ❏

ÉCOUTER POUR S'INFORMER

1 Cochez la bonne réponse.

• *En avoir marre* est une expression de registre familier qui signifie :

échanger des plaisanteries ❏
être excédé ❏
être très fatigué ❏

• *Un client pénible* signifie :

un client fatigant ❏
un client qui souffre ❏
un client qui inspire la pitié ❏

• *S'esclaffer* signifie :

faire des plaisanteries ❏
rire bruyamment ❏
sursauter ❏

• *J'aimerais beaucoup passer chez vous* signifie que le client voudrait :

rendre visite au directeur ❑

revenir à nouveau dans l'établissement
parce que le programme lui a plu ❑

se produire sur scène ❑

2 Lisez les documents ci-dessous (documents 1 et 2) extraits de la brochure de l'Opus Café.

De

à

Alors que les espaces réservés à toutes les autres formes de musique ont évolué dans la diversification et la mobilité, la musique classique est restée immuablement cantonnée dans les salles de concerts avec l'ambiance que l'on connaît.

Beaucoup "d'amoureux" de cette musique, sans être de grands mélomanes, ont ainsi plus ou moins renoncé à ce plaisir.

Document 1

De

à

Les artistes qui se produiront seront de tous ordres.

D'autre part, et c'est là un point très important, un effort tout particulier sera fait pour mettre de jeunes artistes en contact avec des professionnels ainsi que pour les aider à se produire, à se faire connaître et apprécier du public.

Document 2

Quels sont les passages de l'interview qu'évoquent ces deux documents ?
Écrivez dans les cases prévues à cet effet le début et la fin de chaque passage.

Lisez maintenant le document ci-dessous.

De

à

Autour de la scène, un espace équipé de fauteuils et de tables basses, où l'on peut tout à la fois boire, écouter la musique, converser sans gêner ceux qui écoutent ou qui jouent.

Document 3

Recherchez également le passage de l'interview qu'évoque ce document et écrivez-en le début et la fin dans les cases prévues à cet effet. À votre avis, le principe décrit dans ce document est-il toujours respecté ?

UN PEU DE RÉFLEXION

1 La colonne de gauche contient des débuts de phrases, celle de droite des fins de phrases. Mais les fragments sont mélangés ! Reliez par une flèche les éléments qui fonctionnent ensemble. Vérifiez votre travail en réécoutant l'interview.

a. *ma clientèle*

b. *beaucoup de mélomanes*

c. *une manière d'approcher la musique*

d. *la salle de concert*

e. *un musicien classique qui a fini son conservatoire*

f. *la musique*

a'. *c'est plus en rapport avec leur façon de vivre*

b'. *c'est toute une histoire*

c'. *il attend des années avant de jouer*

d'. *ça bouge*

e'. *ça c'est évident*

f'. *elle très vaste*

2 Au cours de l'interview, Robert Benbihy raconte une anecdote qui se déroule dans son établissement. À cette occasion, il rapporte les propos tenus par lui-même et par un de ses clients. Ces propos sont placés dans des bulles qui sont en désordre. Vous devez :

1) les mettre dans l'ordre,

2) signaler s'il s'agit du directeur ou du client,

3) expliquer l'attitude du client. S'il est fâché, mettez le symbole ×, s'il est content utilisez le symbole O.

a.

b.   c.

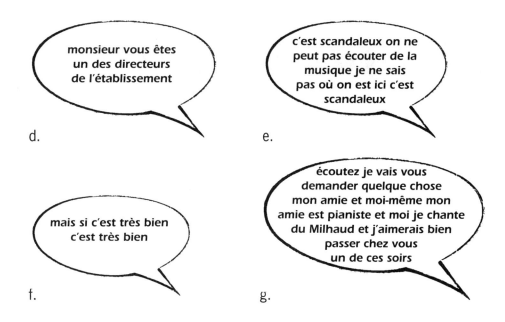

d. monsieur vous êtes un des directeurs de l'établissement

e. c'est scandaleux on ne peut pas écouter de la musique je ne sais pas où on est ici c'est scandaleux

f. mais si c'est très bien c'est très bien

g. écoutez je vais vous demander quelque chose mon amie et moi-même mon amie est pianiste et moi je chante du Milhaud et j'aimerais bien passer chez vous un de ces soirs

3 La transcription ci-dessous est légèrement différente de ce que vous avez entendu. Rétablissez ce qui a été effectivement dit, sans écouter l'interview si possible. Vérifiez ensuite votre correction en écoutant la cassette.

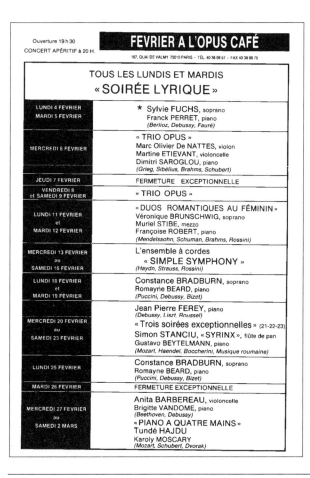

jusqu'à maintenant nous n'avons eu aucune plainte de musiciens / les clients sont parfois pénibles / ils ont un comportement bizarre / ils veulent soit imposer le silence / soit au contraire ils estiment qu'ils sont dans une salle de restaurant et qu'ils doivent parler et s'esclaffer /

À VOUS LE MICRO... OU LA PLUME

Vous devez présenter à la radio le programme du mois de février 91 de l'Opus Café.
Cette présentation doit être précédée d'une rapide intervention du directeur de l'établissement. Vous procéderez de la manière suivante :

1) Sélectionnez dans l'interview une intervention du directeur.

2) Imaginez une question que vous poseriez au directeur.

3) Rédigez et enregistrez votre présentation.

ALAIN ETCHEBARNE,
caviste

QUELQUES REPÈRES

1 Vous avez ci-dessous une liste de grands vins ; certains sont des vins de Bourgogne, d'autres des vins de Bordeaux. Entourez ceux qui sont cités par Alain Etchebarne. Que remarquez-vous ?

a) *Beychevelle*	*vin de Bordeaux*
b) *Chambertin*	*vin de Bourgogne*
c) *l'Arrosée*	*vin de Bordeaux*
d) *Fixin*	*vin de Bourgogne*
e) *Cheval Blanc*	*vin de Bordeaux*
f) *Figeac*	*vin de Bordeaux*
g) *Clos de Vougeot*	*vin de Bourgogne*
h) *Vosne Romanée*	*vin de Bourgogne*

2 Voici trois titres qui pourraient être utilisés pour caractériser l'interview que vous avez écoutée. De ces trois titres, quel est celui qui vous semble le mieux convenir aux propos d'Alain Etchebarne ?

LES FRANÇAIS ET LE VIN ❑
LE MÉTIER DE CAVISTE ❑
GOÛTER, ÇA S'APPREND ❑

ÉCOUTER POUR S'INFORMER

1 Cochez la bonne réponse.

• *Épater quelqu'un* signifie :

faire plaisir à quelqu'un ❑
apprécier quelqu'un ❑
étonner quelqu'un ❑

• *Ça fait tilt* est une expression familière qui signifie :

        provoquer une explosion   ❏

        provoquer l'approbation   ❏

        agacer   ❏

• *Un vin qui accroche* est une expression familière qui signifie :

        un vin qui est amer   ❏

        un vin qui est vieux   ❏

        un vin qui plaît à celui qui le goûte   ❏

2 Lisez les quatre documents ci-dessous.

À peine 10 % des Français "communiquent" suffisamment avec leurs aliments et leurs vins pour être en mesure d'en parler en termes justes et précis.

Document 1

Le snob parle du vin et le goûte peu.
"Je les reconnais très facilement," précise Georges Lepré, sommelier au Ritz. "Ils se paient de mots, lorsqu'ils ont un public, des invités ou une jolie femme."

Document 2

Tout individu a sur la langue et sur le palais des "empreintes" qui lui sont personnelles. Donc, il éprouve, il interprète à sa manière et il a ses préférences.

Document 3

Les vins de Beaune et de Nuits s'accordent aux mets de la Bourgogne et à ses sauces, ceux d'Alsace s'imposent tout naturellement devant une choucroute.

Document 4

Quels sont les passages de l'interview qu'ils évoquent ? Écrivez dans les cases prévues à cet effet le début et la fin de chaque passage.

Document 1

De

à

Document 2

De

à

Document 3

De

à

Document 4

De

à

UN PEU DE RÉFLEXION

1 Remplacez dans les fragments d'interview qui suivent le pronom "on" par "nous", ou "ils"

> a) *on va pas tous les citer*
>
> b) *si on en trouve dix pour cent ça sera beaucoup*
>
> c) *on sort la bouteille pour épater l'ami...*
>
> d) *on peut se déboucher une bouteille*
>
> e) *on invite le patron*
>
> f) *on recherche le défaut*
>
> g) *on se mettra d'accord*

2 Le schéma ci-dessous représente une partie de l'interview. Des mots ont disparu. Rétablissez-les. Certains d'entre eux reprennent des mots ou des expressions antérieures. Entourez ces mots et reliez-les par une flèche aux éléments qu'ils reprennent.

moi ....

> *si je sais que quelqu'un aime le vin je déboucherai* ....
> *avec cette personne.*

mais si je sais ....

> .... *est pas la peine*
>
> .... *est du gaspillage*

mais .... *pour l'instant*

> *il n'* ...... *a pas beaucoup hein*

.... *si on en trouve dix pour cent*

> .... *sera beaucoup*

À VOUS LE MICRO... OU LA PLUME

Reprenez le passage où Alain Etchebarne rapporte des propos de goûteurs :

tiens il est pas assez chambré
tiens il est un peu vert
tiens il est...

Imaginez la suite de la conversation et enregistrez-la.

QUELQUES REPÈRES

1 Cochez la bonne réponse.

1. Sylvie Lenôtre appartient à une famille :

d'industriels	❏
de restaurateurs	❏
d'exportateurs	❏

2. Alain Lenôtre s'est installé :

en Floride	❏
au Mexique	❏
au Texas	❏

et où s'est installée Sylvie Lenôtre ? _____

ÉCOUTER POUR S'INFORMER

1 Cochez la bonne réponse.

• *Il faut s'en défendre* signifie :

il faut résister	❏
il faut s'obstiner	❏
il faut le nier	❏

• *Se rendre compte* signifie :

comprendre, s'apercevoir	❏
faire des dépenses	❏
faire ses comptes	❏

• *Il vaut mieux* signifie :

il est préférable	❏
il est plus coûteux	❏
il est nécessaire	❏

2 À l'aide des informations de Sylvie Lenôtre, imaginez une légende sous chacun des documents ci-dessous.

Document 1 _____

CONSERVES DE LA FERME
DU PÉRIGORD NOIR
*CONFIT DE CANARD
FOIE GRAS*

Document 2 _____

Document 4 _____

Document 3 _____

3 Quel passage de l'interview vous évoque le document ci-dessous ? Écrivez dans les cases prévues à cet effet le début et la fin du passage.

Document 5

De

à

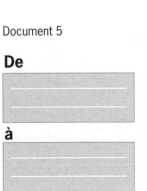

HAMBURGER 100 % PUR BŒUF
VIANDE FRAÎCHE (NON SURGELÉE).

Hollywood Canteen
the original hamburger
RESTAURANTS

4, rue Pierre Lescot 75001 Paris.
8, rue de Berri 75008 Paris.
22, rue de la Roquette 75011 Paris.

Formule 1 – 57 F
▪ **Marilyn Original**
Hamburger 120 g avec laitue, tomate, oignons, mayonnaise.
▪ **Cole Slaw**
Salade de chou blanc, carottes, ananas.
▪ **Frites**
▪ **1 Soda au choix**

Formule 2 – 60 F
▪ **James Dean**
Cheese burger 120 g avec laitue, tomate, oignons, cheddar cheese et hollywood red sauce.
▪ **Cole Slaw**
Salade de chou blanc, carottes, ananas.
▪ **Frites** ▪ **1 Soda au choix**

Formule 3 – 66 F
▪ **Hollywood Spécial**
Hamburger 180 g avec laitue, tomate, oignons, mayonnaise.
▪ **Cole Slaw**
Salade de chou blanc, carottes, ananas.
▪ **Frites**
▪ **1 Soda au choix**

Formule 4 – 74 F
▪ **Hollywood Spécial + Chili + Bacon**
▪ **Cole Slaw**
Salade de chou blanc, carottes, ananas.
▪ **Frites**
▪ **1 Soda au choix**

UN PEU DE RÉFLEXION

1 Dans les bulles de gauche les propos de Sylvie Lenôtre ont été déformés.
Rétablissez la vérité en écrivant dans les bulles de droite ce qui a été
effectivement dit. Comparez les deux types de productions.
Que remarquez-vous?

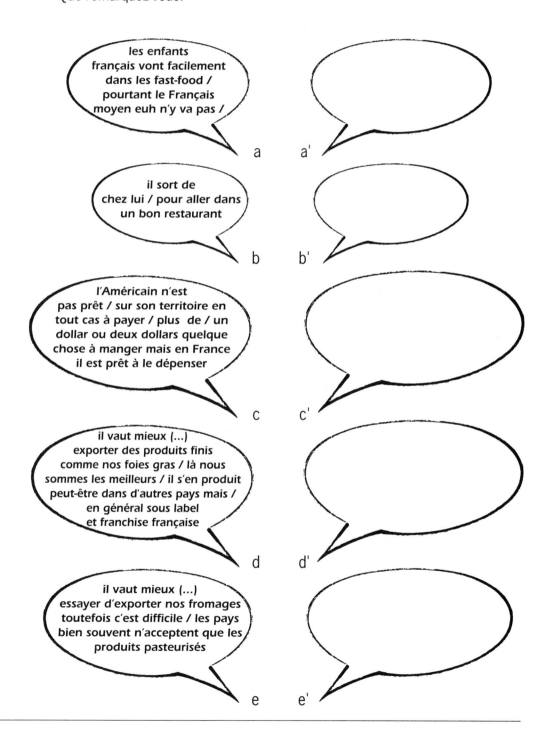

les enfants français vont facilement dans les fast-food / pourtant le Français moyen euh n'y va pas /

a   a'

il sort de chez lui / pour aller dans un bon restaurant

b   b'

l'Américain n'est pas prêt / sur son territoire en tout cas à payer / plus de / un dollar ou deux dollars quelque chose à manger mais en France il est prêt à le dépenser

c   c'

il vaut mieux (...) exporter des produits finis comme nos foies gras / là nous sommes les meilleurs / il s'en produit peut-être dans d'autres pays mais / en général sous label et franchise française

d   d'

il vaut mieux (...) essayer d'exporter nos fromages toutefois c'est difficile / les pays bien souvent n'acceptent que les produits pasteurisés

e   e'

2 Dans le passage qui va de *"l'image de la gastronomie..."* à *"Alain Lenôtre est parti s'installer à l'étranger"* Sylvie Lenôtre, donne un certain nombre d'informations, tout en indiquant, par moments, son point de vue personnel. Dans la colonne de gauche, on a fait figurer les informations, dans celle de droite, les expressions personnelles de Sylvie Lenôtre, mais celles-ci ne sont pas à leur place. Reliez-les par une flèche aux informations qu'elles commentent.

INFORMATIONS	POINT DE VUE PERSONNEL
a. *l'image de la gastronomie française est aussi une image de luxe*	a'. *le problème est que*
b. *le Français n'aime pas beaucoup s'exporter*	b'. *c'est le cas de mon frère*
c. *l'Américain n'est pas prêt, sur son territoire*	c'. *peut-être*
d. *il a du mal à se trouver hors de ses frontières parce qu'il se sent très bien en France*	d'. *je pense pas qu'il faut s'en défendre*
e. *Alain Lenôtre est parti s'installer aux États-Unis*	e'. *en tout cas*

3 Dans la colonne de gauche sont inscrites des affirmations. Dans celle de droite (cause) vous inscrirez l'explication de ces affirmations introduites par parce que :

AFFIRMATIONS	CAUSE
a. *Le Français moyen ne va jamais dans les fast-food*	_____
b. *Le Français a du mal à se trouver hors de ses frontières*	_____
c. *Alain Lenôtre vend des produits américains.*	_____
d. *Il vaut mieux qu'on exporte des produits finis des produits transformés*	_____
e. *Exporter nos fromages (...) c'est difficile*	_____

À VOUS LA PLUME... OU LE MICRO

À l'aide des arguments de Sylvie Lenôtre vous imaginez une publicité pour un produit français.

QUELQUES REPÈRES

1 Cochez la bonne réponse.

Patrick Cormillot est propriétaire :

d'un café	❑
d'un restaurant	❑
d'une boutique de vins	❑

2 Vous devez vous rendre chez Patrick Cormillot. Quel panneau indicateur suivez-vous ? Encadrez-le.

> **TROYES**   **PARIS**   **LYON**

ÉCOUTER POUR S'INFORMER

1 Cochez la bonne réponse.

• *"les gens qui aiment la bouffe lyonnaise"*
"la bouffe" est une expression de registre familier qui signifie :

une patisserie lyonnaise	❑
une tradition	❑
la nourriture	❑

• *"vous vous en tirez quand même de 150 à 200 F"*
"vous vous en tirez" est une expression qui signifie :

vous sortez du restaurant	❑
les dépenses que vous faites pour le repas	❑
les économies que vous réalisez	❑

• "ils se sont cassé les dents"
"se casser les dents" est une expression populaire qui signifie :

se faire arracher les dents ❏
souffrir ❏
échouer ❏

De

à

2 a) De quel passage de l'interview pouvez-vous rapprocher le document suivant ? Écrivez-en le début et la fin dans les cases prévues à cet effet.

LA CUISINE LYONNAISE

Populaire grâce aux "canuts" qui constituèrent longtemps une majorité dans la classe ouvrière. De rudes travailleurs dont l'alimentation procédait de produits naturels peu coûteux !

Document 1

L'origine du terme "Bouchon" date de l'époque où les auberges servant du vin en dehors des repas se signalaient par un bouchon de paille accroché à leur enseigne. Il est possible que le choix de ce signe soit lié à l'arrêt des malles-postes et diligences devant les auberges. Ainsi, pendant que l'on bouchonnait les chevaux, les cochers étaient invités à venir boire…

C'est dans ce lieu que l'on peut déguster un "Mâchon". Le "Mâchon" correspondait jadis au casse-croûte impromptu pris en dehors des heures habituelles de repas (souvent en fin de matinée). Les "Canuts" partageaient leur "Mâchon" avec le fabricant ou le négociant, la caractéristique du "Mâchon" étant la convivialité.

(Syndicat d'initiative de Lyon)

Document 2

b) En vous aidant des documents 1 et 2 complétez ce texte sur les "bouchons".

Le mot "bouchon" est un mot ancien. Les aubergistes accrochaient à leur enseigne un .... de paille ; on peut rapprocher ce mot du travail des cochers qui venaient y manger pendant qu'on soignait leurs chevaux, pendant qu'on les .... Le bouchon est un .... populaire. Les gens qui tissaient, ...,y venaient manger très tôt vers .... Le repas qu'on leur servait s'appelait un .... Il était constitué de ....

3 Parmi ces "plats" typiquement lyonnais, quels sont ceux servis par Patrick Cormillot ? Cochez les bonnes réponses.

Les abats : ensemble des parties des animaux tels que les intestins, la tête, les pieds, le foie. ❏

Les tripes (appelées aussi à Lyon tablier de sapeur) : charcuterie faite à l'aide des boyaux (intestins) des animaux. ❏

Les andouillettes : sorte de saucisses faites à base d'intestin de veau ou de porc, de vin blanc, moutarde, épices... ❏

Les quenelles lyonnaises. ❏

Le bourguignon. : boeuf, oignons et lard cuits dans une sauce au vin rouge. ❏

Les pieds de veau. ❏

Les foies de veau ❏

Les sabodets : saucissons confectionnés avec la couenne et la tête du porc. ❏

4 a) Si vous avez bien écouté Patrick Cormillot vous savez quelle différence existe entre les andouillettes de Lyon et celles de Troyes. Expliquez-la nous !

_____

_____

Dans une autre interview, vous avez déjà entendu parler de nourriture.

b) Citez le nom de la personne interviewée _____

c) Quelle différence essentielle existe-t-il entre son opinion et celle de Patrick Cormillot ?

_____

5 Patrick Cormillot différencie les bouchons qui existent maintenant avec ceux d'autrefois ; en utilisant ses arguments donnez les caractéristiques des uns et des autres.

Les bouchons "autrefois"	Les bouchons "aujourd'hui"
_____	_____
_____	_____

UN PEU DE RÉFLEXION

1 Dans les énoncés ci-dessous, les propos de Patrick Cormillot ont été déformés. Rétablissez ce qu'il a affectivement dit. Que remarquez-vous ?

Ils n'ont plus intérêt à ouvrir à cinq heures du matin parce qu'ils n'auraient plus de clients.

_____

_____

À Lyon, il y a une dizaine de bouchons typiques.

_____

_____

Il y en avait cinq ou six fois plus y a vingt ans.

_____

_____

Beaucoup se sont transformés, ce sont de vrais restaurateurs.

_____

_____

Dans un restaurant populaire, on doit payer un prix abordable.

_____

_____

2 Le schéma ci-dessous représente un extrait de l'interview. Il y manque des passages. Retrouvez-les. À votre avis, qu'indiquent-ils ? Et les flèches, qu'indiquent-elles ?

mais c'est vrai qu'à Lyon .... déplore
↓
(.....................)

déplorent la disparition ....
↓
(.....................)

parce que même à Lyon ....   disparaît hein
↓
(.....................)

....   était des gens
– qui étaient qui étaient capables de vous faire un plat de tripes à neuf heures le matin.

parce que à Lyon c'était ....
↓
(.....................)

3 Dans la colonne de gauche, on a placé dans des bulles des débuts de phrases. La fin de celles-ci se trouve dans les bulles de droite. Mais il y a eu mélange. Reliez par une flèche les bulles qui fonctionnent ensemble.

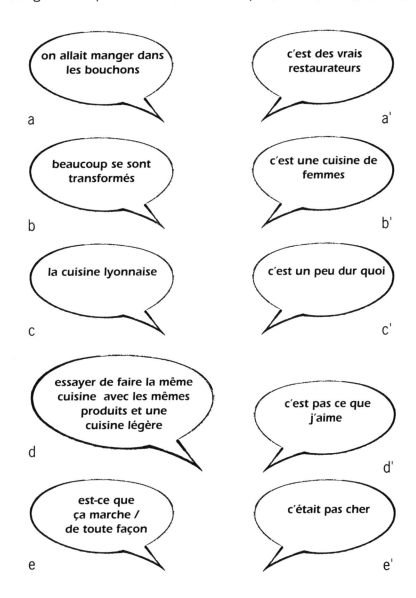

À VOUS LE MICRO... OU LA PLUME

En vous aidant des propos de César (interview n° 6) et de Patrick Cormillot, rédigez un bref article où vous opposerez la cuisine lyonnaise et la cuisine méridionale.

INTERVIEW N° 13

ALBERT BOUVET,
organisateur du Tour de France

QUELQUES REPÈRES

1 Les trois compétitions sportives ci-dessous sont citées par Albert Bouvet, comme les plus populaires au monde. Classez-les par ordre d'importance.

❑ TOUR DE FRANCE

❑ COUPE DU MONDE DE FOOTBALL   ❑ JEUX OLYMPIQUES

2 Cochez la bonne réponse.

a) Albert Bouvet a été coureur cycliste pendant les années :

cinquante / soixante   ❑
avant-guerre   ❑
soixante / soixante-dix   ❑

b) Le nombre de spectateurs qui suivent le Tour de France est d'environ :

deux millions   ❑
vingt millions   ❑
dix millions   ❑

ÉCOUTER POUR S'INFORMER

1 Lisez les deux documents ci-contre (documents 1 et 2). Quels passages de l'interview vous évoquent-ils ?

a) Écrivez dans les cases correspondantes le début et la fin de chaque passage.
b) Le document 1 donne un renseignement sur le Tour de France qui n'est pas signalé par Albert Bouvet. Lequel ?

Depuis sa création en 1903, le Tour de France fait l'unanimité. Tous les mois de juillet, les "géants de la route" sont attendus par des millions de spectateurs et plus d'un milliard de téléspectateurs : des jeunes, des vieux, des sportifs, des non-sportifs.

© Gallimard

Le Tour est un espace collectif en marche. Nul récit n'en a fait le compte total ; on sait seulement que le peloton des coureurs exemplaires est un être multiple – corps machine, étroite association de matière et de vie – qui toujours va de l'avant, qui surmonte les difficultés jalonnant son chemin.

La Saga du Tour de France, © Gallimard

Document 1   Document 2

Document 1

De

à

Document 2

De

à

2 Réécoutez maintenant l'interview. En voici des passages qui sont transcrits dans la colonne de droite. Pour chacun d'entre eux, imaginez une question que vous écrivez dans la colonne de gauche.

QUESTIONS	RÉPONSES
a. _____	a'. *le Tour de France draine aujourd'hui tout un / tout un volume euh presse très important puisqu'il est / composé aujourd'hui de sept cent cinquante journalistes.*
b. _____	b'. *ben le Tour de France reste un événement mondial.*
c. _____	c'. *le Tour de France déplace environ actuellement / trois mille deux cents personnes*

UN PEU DE RÉFLEXION

1 Une transcription exacte… à un mot près.

Le Tour de France pour moi reste un événement mondial / je crois pouvoir dire et je suis peut-être mal placé pour le dire mais d'autres observateurs vous le confirmeraient / que le Tour de France est considéré aujourd'hui / comme le troisième événement mondial sportif / après / les Jeux Olympiques et la Coupe du monde de football il est considéré comme tel aujourd'hui à lui de le rester (…)

Par quatre fois, le même élément a disparu. Rétablissez-le. À votre avis, à quoi sert-il ? _____

2 Dans la colonne de droite figurent des écrits sur l'organisation du Tour qui évoquent les propos tenus par Albert Bouvet (colonne de gauche). Mais titres et commentaires ont été mélangés. Reliez les titres aux propos qui conviennent.

COMMENTAIRES	TITRES
a. *trois mille deux cents personnes itinérantes (…) qui sont divisées en plusieurs catégories*	a'. RETRANSMISSION DU TOUR PAR HUIT CHAINES DE TÉLÉVISION
b. *huit chaînes de télévision qui retransmettent l'événement.*	b'. LA CARAVANE DU TOUR = 3 200 PERSONNES DE CATÉGORIES DIFFÉRENTES
c. *(le Tour) un stade qui se déplace*	c'. TOUR DE FRANCE = DÉPLACEMENT DE 750 JOURNALISTES POUR COMMENTER L'ÉVÉNEMENT.
d. *les concurrents et tout le staff qui les entoure.*	d'. LE TOUR = UN STADE EN PERPÉTUEL DÉPLACEMENT.
e. *sept cent cinquante journalistes avec tout ce que ça comporte comme conducteurs techniciens qui s'y rattachent et qui se déplacent.*	e'. TOUR DE FRANCE = LES CONCURRENTS ET LEUR ENTOURAGE

À VOUS LE MICRO... OU LA PLUME

Le témoignage d'un écrivain. Aragon, en tant que journaliste, a suivi le Tour de France.

Vous sélectionnez des passages de l'article, que vous présentez comme un témoignage sur le Tour de France. Enregistrez votre production.

Le Tour... je l'ai vu passer un peu partout en France : en Bretagne, sur la Côte-d'Azur, dans les Alpes... c'est dans les lieux déserts que le passage fou de cette caravane éperdue est surtout singulier. Il y a un étrange moment, au Lautaret ou au Tourmalet, quand les dernières voitures passent et s'époumonne le dernier coureur malheureux... le moment du retour au silence, quand la montagne reprend le dessus sur les hommes.

Le Tour... la folie de l'arrivée et toutes les photos, la réclame et les affaires, l'industrie mêlés à l'héroïsme, l'enthousiasme populaire qui ne s'arrête pas à si peu...

Le Tour... C'est la fête d'un été d'hommes, et c'est aussi la fête de tout notre pays, d'une passion singulièrement française : tant pis pour ceux qui ne savent en partager les émotions, les folies, les espoirs ! Je n'ai pas perdu cet attrait de mon enfance pour ce grand rite tous les ans renouvelé. Mais j'appris à y voir, à y lire autre choses : autre chose qui est écrit dans les yeux anxieux des coureurs, dans l'effort de leurs muscles, dans la sueur et la douleur volontaire des coureurs. La leçon de l'énergie nationale, le goût violent de vaincre la nature et son propre corps, l'exaltation de tous pour les meilleurs...

La leçon tous les ans renouvelée et qui manifeste que la France est vivante, et que le Tour est bien le Tour de France

Louis Aragon, article du 24 juin 1947
in *Ce Soir* © Aragon

QUELQUES REPÈRES

1 D'après son intonation, sa manière de s'exprimer, diriez-vous que la locutrice est d'un milieu social :

modeste	❏
petit-bourgeois (petit commerçant, artisan)	❏
très aisé	❏

2 En vous aidant des propos de Jacqueline d'Ormesson, résolvez le problème suivant :

Un homme se promène dans la rue ; il voit passer une très jolie femme, très élégante, il continue son chemin, indifférent. Même scène dans un autre lieu. La femme est la même. Un homme se promène dans la rue, il voit une très jolie femme, très élégante; il s'arrête, la regarde, essaie de retenir l'attention de la jeune femme, d'engager la conversation...

Document 1

a) Où se déroulent les deux scènes ? _____

b) Quelle est la nationalité des deux hommes et celle de la jeune femme ?...

_____

ÉCOUTER POUR S'INFORMER

1 En vous servant des propos de Jacqueline d'Ormesson sur l'élégance française, imaginez une légende pour le document 1.

2 Quel passage de l'interview peut vous évoquer, indirectement, les documents 2 et 3 ? Écrivez dans les cases prévues à cet effet le début et la fin de ce passage.

De

à

SHOPPING
Des boutiques et des restaurants très branchés

Argent pas cher au Monoprix Saint-Paul avec cette parka à capuche, deux poches en vinyle argenté (270 F) à porter avec un tee-shirt ras du cou en coton (80 F), un caleçon cycliste (80 F) et un sac banane (75 F).

Document 2

2 Boutiques hors mode pour rêver d'aventure
Nos couleurs :
Blanc / Beige / Marron
Kaki / Noir
72-74, rue de la Roquette - 11e - Tél. 47 00 57 80

Document 3

3 Cochez la bonne réponse.

• *Avoir du chien* est une expression qui signifie :

avoir mauvais caractère	❏
avoir une forte personnalité	❏
avoir une élégance que l'on remarque	❏

• *Ça m'a frappée* dans "*ça m'a frappée* quand j'ai été à New York" signifie :

tomber malade	❏
être catastrophé	❏
être étonné	❏

• *Piquer* dans "*piquer* des idées" est une expression populaire qui signifie :

échanger des idées	❏
se disputer	❏
voler des idées	❏

UN PEU DE RÉFLEXION

1 Dans la colonne de droite vous trouvez des propos tenus par Jacqueline d'Ormesson au cours de l'interview. Ils sont incomplets et placés dans le désordre. Mettez dans le cadre prévu à cet effet leur numéro d'apparition et complétez-les. Vérifiez vos réponses en réécoutant l'interview.

on est habituées à se faire une robe du soir avec un rideau DONC _____

_____ [ ]

les hommes me regardent bon ça c'est DONC _____

_____ [ ]

ils (les fabricants de prêt à porter) sont stimulés par cette grande couture DONC _____

_____ [ ]

on a plein de journaux féminins on a des boutiques remplies de jolies choses on est très conditionnées ET _____

_____ [ ]

La grande couture c'est une partie infime du marché ET _____

_____ [ ]

2 Dans ces transcriptions de fragments de l'interview de Jacqueline d'Ormesson il manque un élément. Rétablissez-le. À votre avis, quel est son rôle ?

1) *on est effectivement très conditionnées par ces valeurs d'esthétisme /*

2) *donc on est déjà portées par ce regard des hommes sur nous /*

3) *euh ça fait partie de notre culture /*

4) *et / on a un sens / esthétique qui est très fort en France /*

5) *ils sont stimulés par cette grande couture / c'est très important qu'elle existe /*

À VOUS LE MICRO... OU LA PLUME

D'accord ou pas d'accord ? Êtes-vous d'accord avec l'opinion de Jacqueline d'Ormesson sur "l'élégance" française ? On imaginera que vous avez entendu ces propos à la radio et que vous réagissez en lui écrivant une lettre. Vous pouvez exprimer votre accord ou... votre désaccord !

INTERVIEW N° 15

CLAUDE OLIVIERI,
ministère de la Francophonie

QUELQUES REPÈRES

1 Le français est parlé dans divers pays. En dehors de l'Afrique francophone, Claude Olivieri a cité plusieurs pays. Quels sont, dans la liste de pays ci-dessous, ceux dont il a parlé ? Cochez la bonne réponse.

- *la Belgique* ❑
- *Haïti* ❑
- *le Québec* ❑
- *la Suisse* ❑
- *le Luxembourg* ❑

2 Le sport national des Anglais est, selon Claude Olivieri, le cricket... et quel est, selon lui, le sport national français ?...

____

ÉCOUTER POUR S'INFORMER

1 Cochez la bonne réponse.

• Dans "des mots qui sont tombés en désuétude", *tomber en désuétude* signifie que ces mots :

- *ont changé de signification* ❑
- *ne sont plus utilisés* ❑
- *font l'objet de descriptions scientifiques* ❑

• L'*Hexagone* est :

- *une façon de nommer la France* ❑
- *une manière de désigner l'Académie* ❑
- *une chanson* ❑

Dans "le suffixe -rie est un suffixe extrêmement fécond" le mot *fécond* signifie :

productif	❏
argotique	❏
courant	❏

2 Les documents ci-dessous (documents 1 et 2) évoquent un des passages de l'interview. Écrivez dans les cadres prévus à cet effet le début et la fin de chacun d'eux.

Document 1

Je voudrais quand même dire que ce qui est le plus marquant à mon avis c'est l'augmentation du nombre des entrées. Il y a eu 4 500 nouvelles entrées c'est-à-dire à peu près 1/10ᵉ du dictionnaire… Il y a eu 6 000 nouvelles entrées et 1 500 sorties…

A. H. Ibrahim, *Le Français dans le Monde*, Hachette Paris, 1983 n° 174

Document 2

"En quelques heures de marche dans Paris, les yeux levés sur les enseignes (…) j'ai relevé : La Bicherie, La Gaminerie, La Bambinerie, Artisanerie, La Boutiquerie, La Bagagerie, La Bahuterie, La Brocanterie, La Nipperie, La Démarquerie et, dans une vitrine, ce calicot : "Solderie monstre". Puis sans doute pour ne pas faire tache dans l'océan des enseignes en anglais : Baby Toilerie, Toilerie House. Enfin le comble de l'amalgame moderne La désignerie."

A. H. Ibrahim, *Le Français dans le Monde*, Hachette Paris, 1983 n° 174

Document 1

De

à

Document 2

De

à

UN PEU DE RÉFLEXION

1 Dans cette transcription quelques mots ont été oubliés. Rétablissez les !

"le français est une langue vivante dans tous les sens du terme / une langue qui évolue constamment / dans son vocabulaire dans sa syntaxe qui s'enrichit / d'une édition à l'autre d'un dictionnaire on trouve des mots qui apparaissent / qui sont tombés en désuétude ou ont complètement disparu."

_____

_____

_____

À votre avis, quel est leur rôle ?

_____

_____

2 Lisez les phrases proposées et inscrivez dans les bulles les propos de Claude Olivieri.

a. le français = une langue en évolution

b. l'apparition de mots nouveaux

c. la disparition des mots

d. le français, une langue apprise et maîtrisée par deux cents millions de personnes

e. la création du mot foresterie

f. les championnats d'orthographe de Bernard Pivot

3 Dans la colonne de gauche figurent les réflexions personnelles de Claude Olivieri sur des thèmes abordés au cours de l'interview. Écrivez en face de chaque réflexion le thème qui lui correspond.

Réflexions personnelles	Thèmes
a. *j'ajouterai autre chose*	_____
b. *je citerai un exemple*	_____
c. *y a des mots affreux*	_____
d. *il est évident*	_____
e. *(rires)*	_____
f. *vous savez*	_____
g. *regardez*	_____

À VOUS LE MICRO... OU LA PLUME

À l'aide des documents suivants, vous simulez une discussion sur le problème de l'orthographe. Un locuteur est pour la réforme, l'autre contre. Enregistrez la discussion.

Il faut savoir que dans le domaine de la langue, l'orthographe est la chose la plus contrôlée qui soit. Elle ne change pas en fonction de la langue, mais en fonction des décisions d'un certain nombre d'instances qui peuvent suivre lentement ou ne pas suivre les changements linguistiques.

(*Révolution* 5.5.89)

Le redressement du pays est en bonne voie. Fin de l'inflation, reprise de l'emploi ou croissance en hausse ? Rien de tout cela. La bonne santé hexagonale tient dans un étonnant championnat d'orthographe, patronné par Bernard Pivot et sa revue *Lire*, qui a drainé pas moins de 50 000 amateurs de tortueuses doubles consonnes et d'impossibles accords. Aujourd'hui, une soixantaine de rescapés affronteront la dictée de l'année pour le titre prestigieux de champion de France du "sans faute". On croit rêver, mais l'opération s'inscrit presque naturellement dans un mouvement de retour aux bonnes vieilles traditions (...)

Ainsi, à terme, l'orthographe ne pouvait manquer au tableau de chasse des opposants à la réforme. Mais qui dans le pays songe encore à réformer l'orthographe ! Le championnat de Pivot marche d'autant mieux que le sujet bénéficie d'un de ces consensus qui font régulièrement rêver la classe politique. Certes les Français tolèrent les manquements à la règle, mais ils apprécient plus encore le respect de la loi.

Libération, 5/6. 10. 85

Maître Pivot sur sa dictée penché...

Plus de 200 000 participants dans 45 pays des 5 continents. Un succès foudroyant pour les championnats d'orthographe au moment où celle-ci est battue en brèche...

Mais qu'est-ce qui les fait concourir ? Ils sont trente-huit à Bahrein, plus de mille en Indonésie, cinq cent soixante-trois en Colombie, un millier au Malawi, huit mille – le record, cette année – au Zaïre... à se porter candidats aux championnats d'orthographe, créés il y a cinq ans par la revue *Lire* et son directeur Bernard Pivot.
Finalement, n'y a-t-il pas quelque provocation à organiser un concours qui joue sur les contradictions souvent illogiques de la langue française à un moment où nombre de linguistes et d'instituteurs plaident pour une réforme de l'orthographe, ou tout au moins son dépoussiérage ? Bernard Pivot lui-même ne s'est-il pas rangé parmi les "modernes", contre les "anciens" ? Le voilà pourtant prêt à censurer les mauvais élèves pour un tiret en trop ou un accent mal placé !
Supplément Radio-Télévision, *Le Monde*, 21.10.89

INTERVIEW N° 16

NOËL MAMÈRE, *journaliste*
et homme politique

QUELQUES REPÈRES

1 Entourez (document 1) le lieu de naissance de Noël Mamère.

2 Placez une petite bouteille devant les noms de pays où il y a des vins renommés (de grands "crus").

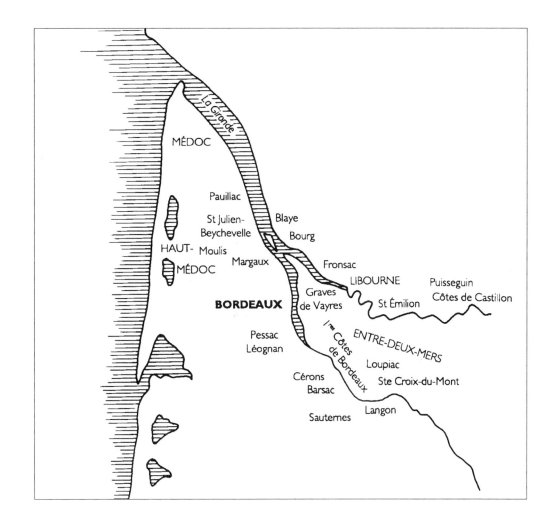

3 Qu'est-ce que *Résistances* ? Cochez la bonne réponse.

un livre sur la Résistance française
pendant la guerre ❏

un hebdomadaire consacré à la défense
des droits de l'homme ❏

une émission télévisée consacrée
à la défense des droits de l'homme ❏

ÉCOUTER POUR S'INFORMER

1 Cochez la bonne réponse.

• Dans "qui est la seule émission consacrée *exclusivement* à la défense des droits de l'homme" *exclusivement* signifie :

à l'exclusion de toute autre ❏
uniquement ❏
à tout sauf à la défense des droits de l'homme ❏

• Dans "je suis *suppléant* du député de Libourne" *suppléant* signifie :

un adjoint ❏
un remplaçant ❏
un employé ❏

• Comment comprenez-vous l'expression "dans des pays où on ne peut pas dire que la démocratie soit la vertu soit la mieux partagée". Selon vous, Noël Mamère veut dire que :

a) dans ces pays on pratique une vraie démocratie ?
b) qu'on ne la pratique pas ?

2 Mettez une croix dans la colonne qui convient.

	VRAI	FAUX
a) Résistances *est consacrée aux grands hommes politiques emprisonnés.*	❏	❏
b) *L'émission* Résistances *est une émission "engagée".*	❏	❏
c) *Noël Mamère s'est occupé pendant longtemps d'un magazine littéraire.*	❏	❏
d) *Il est maire de Bègles.*	❏	❏
e) *Noël Mamère est attaché à ses racines.*	❏	❏

UN PEU DE RÉFLEXION

1 Voici quelques extraits de l'interview de Noël Mamère. Imaginez les questions qui auraient pu lui être posées.

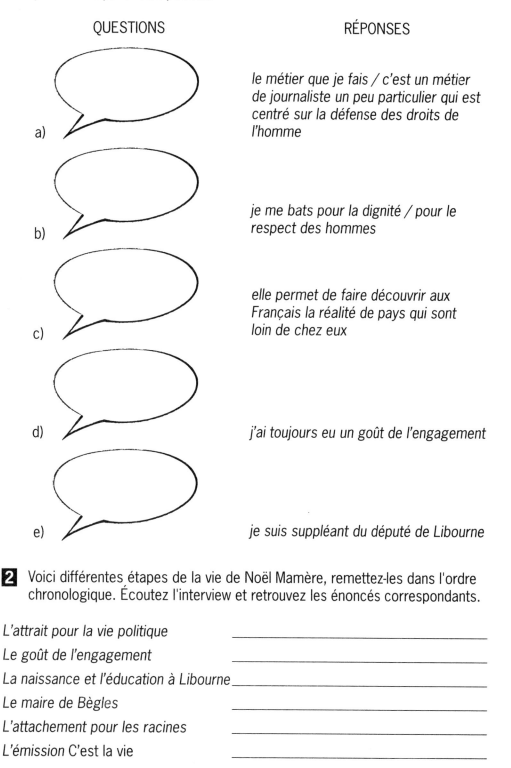

QUESTIONS

RÉPONSES

a)

le métier que je fais / c'est un métier de journaliste un peu particulier qui est centré sur la défense des droits de l'homme

b)

je me bats pour la dignité / pour le respect des hommes

c)

elle permet de faire découvrir aux Français la réalité de pays qui sont loin de chez eux

d)

j'ai toujours eu un goût de l'engagement

e)

je suis suppléant du député de Libourne

2 Voici différentes étapes de la vie de Noël Mamère, remettez-les dans l'ordre chronologique. Écoutez l'interview et retrouvez les énoncés correspondants.

L'attrait pour la vie politique _____

Le goût de l'engagement _____

La naissance et l'éducation à Libourne _____

Le maire de Bègles _____

L'attachement pour les racines _____

L'émission C'est la vie _____

3 Le schéma ci-dessous représente l'organisation de fragments de l'interview de Noël Mamère. Il y manque des mots. Retrouvez-les et écrivez-les dans les cases laissées vides.

1) .... *que je fais*
   est .... *de journaliste un peu particulier*

2) *je fais* ....
   .... *s'appelle Résistances*

   .... *est la seule émission consacrée exclusivement à la défense des droits de l'homme de toutes les télévisions européennes.*

3) *et* .... *je* .... *pour la dignité pour le respect des hommes que ce soit à Paris en France / ou à l'étranger /*

   .... *est la raison*

   .... *j'ai été appelé à beaucoup / me promener dans le monde / dans des pays*

   .... *on ne peut pas dire que la démocratie soit la vertu la mieux partagée.*

À VOUS LE MICRO... OU LA PLUME

Vous devez rédiger pour un hebdomadaire spécialisé dans la présentation des émissions télévisés un court papier sur l'émission *Résistances*. Vous le faites en utilisant les arguments de Noël Mamère.

QUELQUES REPÈRES

1 D'après les propos de Jeanine Le Floch-Fournier, complétez ce court fragment d'arbre généalogique, en plaçant dans les cadres prévus à cet effet la nationalité des personnages...

grands-parents paternels

grands-parents maternels

grand-père

grand-mère

grand-père

grand-mère

père

mère

Jeanine Le Floch-Fournier

2 Où il est question des occupations féminines.

Jeanine Le Floch-Fournier est fonctionnaire.

Que faisaient sa mère et sa grand-mère ? _____

ÉCOUTER POUR S'INFORMER

1 Cochez la bonne réponse.

• Dans "ils savent souvent prendre la distance avec ce qu'ils font, être un peu ironiques", *ironique* signifie :

être amusant	❏
savoir se moquer	❏
être indifférent	❏

• *En prendre pour cinquante ans* est une expression familière qui signifie :

>   *être condamné à cinquante ans*
>   *(de vie commune)* ❏
>
>   *accepter avec joie cinquante ans*
>   *(de vie commune)* ❏
>
>   *s'engager solennellement à*
>   *cinquante ans (de vie commune)* ❏

• *On a beau se dire* est une expression familière qui signifie :

>   *même si on se dit* ❏
>   *on se dit gaiement* ❏
>   *on se force à se dire* ❏

2 Quel passage de l'interview évoque le document ci-dessous (document 1).
Écrivez le début et la fin de l'extrait dans les cases prévues à cet effet.

De

à

À en croire l'INSEE, seulement 19 % des Français considèrent le mariage comme un lien indissoluble et d'après un sondage paru au printemps dans le magazine féminin *Marie-Claire*, une petite majorité d'entre-nous estimons à propos de nos unions que "ça durera ce que ça durera". Esprit pratique ou syndrome de l'échec, rares sont ceux qui croient et encore moins ceux qui disent "ça va, ça va durer toujours".

Le Figaro 28.11.88

Document 1

3 Réécoutez les deux passages de l'interview qui vont :

a) de *"moi j'ai envie de te dire"* à *"je suis une fonctionnaire française"*
b) de *"moi ce qui me paraît aussi caractériser beaucoup l'esprit français"* à *"ça me paraît être un peu le défaut des Français"*.

et proposez un titre pour chacun d'entre eux.

a) _____

b) _____

UN PEU DE RÉFLEXION

1 Dans les cinq fragments ci-dessous, un mot a disparu.

a) Lequel est-ce ?
b) En quoi l'emploi de ce mot vous semble-t-il important ?

a. .... *j'ai envie de te dire que je me sens plutôt italienne /*

b. .... *ce qui me paraît aussi caractériser beaucoup l'esprit français /*

c. *dans le milieu que .... je fréquente (...) ils se prennent très au sérieux /*

d. .... *d'abord ce qui était clair (...) je ne serai / pas une femme au foyer /*

e. *ça c'était clair que .... je voulais travailler /*

2 Jeanine Le Floch-Fournier emploie très fréquemment le pronom "tu" (ou te) parfois pour désigner la personne qui l'interviewe, mais elle l'utilise aussi assez souvent en remplacement du pronom "on". Dans la colonne de gauche, se trouvent des fragments d'interviews, dans celles de droite, les pronoms "tu" et "on". Selon la valeur de "tu", mettez une croix dans la colonne qui convient.

	TU	ON
a) *j'ai envie de **te** dire*	❏	❏
b) *quand **tu** vois des personnes de pays étrangers*	❏	❏
c) ***tu** peux être sérieux sans **te** prendre au sérieux*	❏	❏
d) *même si de temps en temps **tu** t'interroges sur le fait d'avoir des enfants*	❏	❏
e) *quand **tu** **te** maries quand **tu** vis avec quelqu'un*	❏	❏
f) *quand **tu** **te** maries à vingt ans (...) **t'**en as pour cinquante ans de vie commune*	❏	❏
g) ***tu** ne **te** rends pas compte*	❏	❏
h) ***tu** vois*	❏	❏
i) ***tu** commences à **t'**interroger un peu*	❏	❏

3 Dans le passage qui va de *"j'ai une copine"* à la fin de l'interview, Jeanine raconte une anecdote concernant une amie à elle. Il n'est pas toujours facile de savoir qui parle.

Est-ce Jeanine la narratrice ? Est-ce son amie ? Est-ce les mariés interviewés ? Voici quelques extraits du passage.

Essayez de les répartir dans le tableau ci-après.

a) *j'ai une copine qui avait fait une fois / une série d'interviews (...)*

b) *elle posait une question (...)*

c) *est-ce que vous vous rendez compte que vous en avez pris pour cinquante ans (...)*

d) *à première vue / les gens ils avaient l'air de dire (...)*

e) *ah bon non j'ai pas pensé à ça (...)*

f) *ouh là là*

g) *vous en avez pour cinquante ans*

Jeanine	l'amie	les mariés

À VOUS LE MICRO... OU LA PLUME

À l'aide du document ci-dessous imaginez la suite de l'interview entre l'amie de Jeanine et les jeunes mariés. Répartissez-vous les rôles et enregistrez la production.

Le mariage revient

Pour la première fois, depuis 1972, le nombre de mariages est en augmentation en France métropolitaine. En 1988, selon les statistiques de l'INSEE, on en a célébré 6 000 de plus qu'en 1987. 271 124 très exactement. Un petit 2,2 % de mieux mais une grande rupture dans les habitudes du pays après une longue tendance à la baisse pendant 16 ans. En 1972, dernière année bénie de la nuptialité, on avait recensé plus de 400 000 mariages. Pas de révolution, pourtant. Les hommes et les femmes qui décident de se marier pour la première fois continuent, bon an, mal an, à prendre de la bouteille avant de se décider. En 1988, les premiers avaient en moyenne 27,2 ans et les secondes 25,2 ans. Au début de la décennie 70, les uns et les autres n'avaient respectivement que 24 ans et demi et 22 ans et demi. Ce vieillissement explique partiellement le nombre croissant d'enfants légitimés (54 000 contre 29 000 en 1980). L'enquête de l'INSEE révèle par ailleurs que les futurs époux jouent toujours l'atout "soleil-voyage de noces". Les célébrations battent leur plein pendant les mois d'été, de juin à septembre, avec une pointe manifeste le dernier samedi de juin. 4 % des mariages de l'année sont enregistrés ce jour-là.

J.P.B. *Libération* 1.11.89

JACQUES ENJALBERT,
pilote de ligne

QUELQUES REPÈRES

1 Combien de fois Jacques Enjalbert prononce-t-il le mot Français ?

2 Parmi ces trois titres, quel est celui qui conviendrait le mieux à cette courte interview ? Cochez la case qui vous paraît la plus adéquate.

Les Français et les langues étrangères ❏
Les Français et le monde extérieur ❏
Les Français et l'humour ❏

ÉCOUTER POUR S'INFORMER

1 Cochez la bonne réponse.

• Le Français est individualiste signifie :
il aime les autres personnes ❏
il pense avant tout à lui-même ❏
il est généreux ❏

• Une boutade est :
un accident ❏
une petite histoire drôle ❏
un fragment d'histoire ❏

• Faire de l'humour à ses dépens signifie :
se moquer de soi-même ❏
se moquer des autres ❏
passer son temps à faire des plaisanteries ❏

De quel autre mot pouvez-vous rapprocher "coreligionnaire" ? _____

À partir de ce rapprochement, essayez de deviner la signification de cet adjectif.

2 À l'aide de ces trois expressions, essayez de reconstituer la boutade de Jacques Enjalbert.

> *trilingue*
> *bilingue*
> *ne parle qu'une langue*

UN PEU DE RÉFLEXION

1 Dans ce fragment d'interview, des mots ont disparu. Rétablissez-les.

"le Français n'est pas très curieux de ce qui se passe à l'extérieur / il a des raisons légitimes d'être satisfait globalement de ce qu'il est / mais une des caractéristiques du Français c'est qu'il est très individualiste" /

_____

_____

_____

2 Dans la colonne de droite figurent des fragments de l'interview. Dans la colonne de gauche, écrivez les questions qui pourraient y correspondre.

QUESTIONS	RÉPONSES
a. _____	a'. *le Français est très individualiste*
b. _____	b'. *ses coréligionnaires sont forcément aussi / euh intéressants et bons que lui*
c. _____	c'. *les Français ont de l'humour*
d. _____	d'. *je crois me rappeler d'une phrase qui ressemble à une boutade*

À VOUS LE MICRO... OU LA PLUME

Résumez en quelques lignes le point de vue de Jacques Engelbert sur les Français. Demandez à deux ou trois de vos camarades s'ils sont d'accord. Enregistrez leurs réponses.

SOLUTIONS

INTERVIEW N° 1
FRANCIS LEMARQUE,
chanteur, auteur,
compositeur

QUELQUES REPÈRES

1. "Francis Lemarque est né le vingt-cinq novembre 1917 dans un vieux quartier de Paris : le quartier de la Bastille. Les chansons qui, après-guerre, l'ont rendu célèbre sont : *La grenouille, Mon copain d'Pékin, Quand un soldat*. Il a également écrit de nombreuses chansons sur Paris telles que *Ballade de Paris, L'air de Paris, Paris se regarde*. Avec sa guitare, sa voix éraillée, son don de sympathie, il est par excellence "populaire". **2.** *Paris se regarde*. **3.** Place de la Bastille ; rue de Lappe ; Square Trousseau ; place des Vosges ; rue du Faubourg Saint-Antoine.

ÉCOUTER POUR S'INFORMER

1. De "tous les bals musettes de la rue de Lappe" à "la musique s'échapper des bals musettes" ; **2.** Document 3 : de "dans les rues" à "chanter dans les rues" ; document 4 : de "y avait aussi" à "les oreilles et l'esprit euh." ; document 5 : de "Place de la Bastille" à "petits bistrots avec des terrasses surtout en été" ; **3.** *Flâner* : se promener sans but précis ; faire l'école buissonnière : aller jouer au lieu d'aller à l'école.

UN PEU DE RÉFLEXION

1. Commente : "y a toujours une ambiance de rue dans mes chansons" ; "ce bal musette n'existe plus" ; "je pense que ça vient de là". **Raconte** :" j'ai écrit ; "quand je suis arrivé au monde" ; "j'allais chanter" ; "je connaissais" ;" j'avais pas de mal à trier".
2. a) mes parents étaient obligés de travailler → donc ils quittaient la maison très tôt. b) y avait des petits bistrots donc → y avait une vie musicale extraordinaire pour un enfant libre. c) y avait le square Trousseau et le square de la place des Vosges donc → moi je passais mon temps / à flâner dans les rues de Paris. d) y avait vous savez que le Faubourg Saint-Antoine est réputé pour ses travaux de / menuiserie / d'ébénisterie donc → moi j'avais de quoi me remplir les yeux, les oreilles. **3.** Il manque des mots comme "vous savez" ; "je vous dis" qui soulignent le contact entre le chanteur et ceux à qui il s'adresse.

INTERVIEW N° 2
MICHEL ABATTE,
boucher dans le 7ᵉ

QUELQUES REPÈRES

1. a. la tour Eiffel ; b. l'Arc de Triomphe ; c. la butte Montmartre ; d. le Sacré-Cœur ; e. le Louvre ; f. le musée d'Orsay. **2.** le 7ᵉ, le 17ᵉ, le 20ᵉ, le 14ᵉ, le 13ᵉ.
3. le boulevard Haussmann.

ÉCOUTER POUR S'INFORMER

1. Un village. **2.** De "écoutez ça fait soixante ans" à "c'est ça qui est magnifique".
3. "avec un ticket de métro / un ticket de métro vous faites le tour de Paris".
4. "quand ils en parlent, ils ont les yeux qui leur sortent de la tête, comme si c'étaient des phares".

UN PEU DE RÉFLEXION

1. "Paris, c'est un **tout**" ; "où voulez-vous trouver au monde tout c(e)t ensemble de choses / je veux dire **où**" ; "mais **Paris** c'est **Paris** ; **un ti**cket de **mé**tro vous faites le tour de Paris" ; "je veux dire c'est **fabuleux**" ; "je veux dire que les yeux **parlent** pour **eux**".

2.

A	B
	MAIS
Paris	Paris
c'est c'est un tout	c'est un village
c'est la capitale de la France euh	que ça soit le septième
	que ça soit le dix-septième
Paris c'est	que ça soit le vingtième
comment vous expliquer ça	que ça soit le quatorzième
Paris	je veux dire
c'est la Tour Eiffel	c'est des villages à la fois
c'est l'Arc de triomphe	je veux dire
c'est Paris euh c'est la butte Montmartre	ça fait soixante ans que j'habite ici
c'est le Sacré-Cœur (...)	c'est qu'il y a une raison
je veux dire (...)	quand des gens restent aussi longtemps à un endroit
	c'est qu'ils s'y plaisent.

INTERVIEW N° 3

ARLETTY, comédienne

QUELQUES REPÈRES

1. 10 fois. **2.** Mistinguett. **3.** Courbevoie ; Arletty y est née.

ÉCOUTER POUR S'INFORMER

1. la banlieue c'est l'ensemble des localités qui entourent une grande ville.
2. a) vrai ; b) faux ; c) faux ; d) vrai ; e) vrai ; f) faux.
3. M. Abatte : Paris c'est un tout ; où voulez-vous trouver au monde cet ensemble de choses ?
Arletty : j'aime tout, j'aime tout ce qui est de Paris, dans sa qualité de ville de capitale, je dirais que c'est la plus grande capitale.

UN PEU DE RÉFLEXION

1. ben une vraie parisienne / si on veut trouver des ancêtres de trois ou quatre cents ans non / là sûrement pas / mais je suis parisienne oui je vis à Paris malgré tout mes parents s'y sont mariés et tout ça oui / mes origines sont auvergnates alors de toute façon j'ai été élevée à / à Montferrand aussi là si on peut dire des cultures j'ai la culture auvergnate aussi. **2. Arletty raconte :** je vis à Paris / j'ai été élevée à / à Montferrand / j'ai été à l'institution à Puteaux. **Arletty donne une opinion :** j'adore Paris / j'aime tout ce qui est de Paris / c'est la plus grande capitale / l'esprit de Paris qui est au fond est un accent je trouve. **Arletty hésite :** à / à Montferrant ; mais quand / c'est vrai que Paris (...) ; c'est climatique / c'est un climat.

INTERVIEW N° 4

FRANÇOIS LE QUÉMENER,

QUELQUES REPÈRES

1. François Le Quémener est breton. **2.** *Lieu de naissance* : Brest ? Quimper ? Lorient ? (plusieurs réponses possibles). *Profession* : prêtre **3.** Lorient.

ÉCOUTER POUR S'INFORMER

1. *gars* : jeune homme ; *avoir l'œil* : surveiller attentivement ; un vicaire est un prêtre qui aide le curé. **2.** Document 3 : de "j'ai vécu moi en Bretagne un christianisme" à "mais je / ben très bien" ; document 4 : de "le cours de l'histoire" à "dépersonnalisé et déraciné". **3.** Titre 5 et A : La punition ; 6 et B : La foi en Bretagne. *Ressemblances* : Pierre-Jakez Hélias = 5 et A "les enfants bretons doivent parler français à l'école" ; "la punition s'appelle la vache" ; "le sabot est un des objets utilisés pour la vache" ; "celui qui a reçu la vache dénonce à son tour un camarade".

F. Le Quémener = 5 et A "les enfants bretons doivent parler français à l'école" ; "la punition s'appelle le sabot" ; "celui qui a reçu le sabot dénonce à son tour un camarade".

Différences : Pierrez-Jakez Hélias = "autrefois les Bretons étaient très croyants, et la langue parlée à l'église était le breton / l'église était le symbole de la Bretagne et du breton / ce lien a disparu".

F. Le Quémener = "autrefois, les Bretons allaient tous à la messe" ; "le recteur était très puissant" ; "les Bretons continuent d'aller à l'église, mais sont-ils encore croyants ?".

UN PEU DE RÉFLEXION

1. "ma langue maternelle c'est le breton / pourquoi voulez-vous m'interdire d'être breton / ça peut se compléter / ça peut s'enrichir mutuellement mais ne me demandez pas de renier mes racines profondes et d'être un être dépersonnalisé et déraciné.

On a transformé les constructions segmentées : *exemple* : "ma langue maternelle c'est le breton" : "ma langue maternelle est le breton" ; on a supprimé mais on a remplacé "voulez-vous" et "ne me demandez pas" par des formes impersonnelles. On a ainsi supprimé des traces des interlocuteurs, et ôté des éléments (Exemple : "mais" et constructions segmentées) qui donnaient une force argumentative à cet interview.

2. 1) mais : c) ; 2) bon : a) ; 3) mais : e) ; 4) ben : b) ; 5) mais : d).

3. *Le recteur* (1) = "qu'est ce qu'il y a Jean-Marie tu étais malade ?" ;
Le paysan : "ah non monsieur le recteur mais / je" ; *Le recteur* (2) = "ben très bien" ;
F. Le Quémener = "ben dans la semaine vous pouvez être sûr que le brave paysan (...) ben il avait la visite du recteur".

INTERVIEW N° 5

GÉRARD REDELSPERGER,

QUELQUES REPÈRES

1. Alsace. **2.** Turckheim. **3.** Heim ; ce préfixe signifie "chez soi". Il est, selon Gérard Redelsperger, le symbole de l'affection des Alsaciens pour leur région.

ÉCOUTER POUR S'INFORMER

1. De "ils cultivent" à "de leur jardin". **2.** Document 2 : poêle en faïence. Document 3 : poteries culinaires. **3.** La cigogne. Document 4 : de "pour nous c'est la cigogne" à "dans la famille" ; document 5, de "elles font des petits" à "cigogneaux". **4.** a) Elle fait encore son nid dans quelques régions de France (vallée de la Saône, Ardennes, Alsace). Elle migre en hiver : – vers les côtes d'Afrique du Nord ; – vers l'Algérie, la Tunisie. Les cigognes ont environ deux ou trois petits cigogneaux par portée. b) Selon Gérard Redelsperger, les cigognes ont eu tendance à disparaître après la guerre ; à cette époque, des gens affamés les chassaient … pour les manger !

UN PEU DE RÉFLEXION

1. a) i(l)s / ont beaucoup de fleurs ; i(l)s aiment la nature / i(l)s ont / i(l)s ont un amour de ce qu'ils ont / de de leur terre de leur jardin / également de leur intérieur / pa(r)ce que les intérieurs alsaciens sont / sont particuliers. b) [zyker] cette prononciation régionale rapproche le mot sucre du mot allemand "zucker" qui se prononce [zuker].

2. 1) mon home c'est mein heim. 2) les Alsaciens ils aiment bien vivre. 3) l'Alsace elle a une âme particulière. 4) c'est la cigogne qui apporte les enfants. 5) les cigogneaux ils apprennent à voler. 6) ceux qui n'arrivent pas à apprendre à voler, ils sont condamnés. G. Redelsperger utilise de nombreuses constructions segmentées.

INTERVIEW N° 6
CÉSAR,
sculpteur

QUELQUES REPÈRES

1. Marseille ; Paris ; Londres ; New York. **2.** a) : faux ; b) : vrai ; c) : faux ; d) : faux.

ÉCOUTER POUR S'INFORMER

1. Huile d'olive ; aubergine ; tomates ; courgettes ; oignons ; ail.
2. Un bistrot est un café-restaurant généralement assez populaire où on retrouve des amis.

UN PEU DE RÉFLEXION

1. a. → d'. ; b. → c'. ; c. → a'. ; d. → b'. **2.** Comme euh les Italiens ont / se sont imposés dans le monde il est certain qu'on trouve toujours même à Londres euh / y a des restaurants italiens popu / très connus partout / donc je trouve tou toujours un endroit où je peux quand je suis à New York / il est certain que / je peux pas / je vais pas dans un MacDonald / il est certain que je trouve toujours un bistrot / oui un bistrot un italo quelconque ou alors un / on peut trouver un restaurant français.
Ont été supprimées des hésitations (euh), des répétitions ("un bistrot oui un bistrot") et "il est certain", expression qui permet à César de donner son opinion sur ce qu'il est en train de dire. Tous ces phénomènes sont caractéristiques d'une interview spontanée, et aident celui qui parle à exprimer plus clairement son opinion !

INTERVIEW N° 7
CAROLINE MATHIEU,
conservatrice au
musée d'Orsay

QUELQUES REPÈRES

1. préparer des expositions ; organiser des échanges avec d'autres musées ; obtenir de l'argent pour subventionner les expositions. **2.** Gauguin ; Odilon Redon ; Van Gogh . **3.** Le Louvre ; Le Grand Palais.

ÉCOUTER POUR S'INFORMER

1. *emprunteur* : quelqu'un qui se fait prêter quelque chose ; *mécène* : quelqu'un ou un organisme qui aide financièrement les arts ou les sciences.
2. Document 1 : de "écoutez" à "pour nous-mêmes" ; document 2 : de "à Anchorage" à "valeurs d'argent importantes" ; document 3 : de "mais ce qu'il faut absolument" à "j'ai attisé cette passion".
3. a) : faux (deux cents ou trois cents) ; b) : faux (l'organisation de l'exposition Gauguin a été réalisée en collaboration avec les musées de Leningrad et Moscou) ; c) : vrai ; d) : vrai ; e) faux (l'exposition a été financée par un sponsor japonais) ; f) vrai.

UN PEU DE RÉFLEXION

1. a. → c'. ; b. → a'. ; c. → b'. ; d. → g'. ; e. → f'. ; f. → d'. ; g. → h'. ; h. → e'.
2. a) écoutez. ; b) vous savez. ; c) on est très gros prêteur ; d) on fait des expositions ; e) on donne quelque chose en échange ; f) ils nous ont demandé de faire une exposition ; g) on a une chance extraordinaire ; h) on prête à Tokyo ; i) nous sommes désolés ; j) (il faut que) vous ayez le courage ; k) j'ai eu un sponsor japonais.
3. *Exemple* : voilà / je suis conservateur de musée / je suis chargé d'accompagner des toiles à Tokyo / il faut les faire sortir de la soute et les mettre dans une salle climatisée /

INTERVIEW N° 8
JÉRÔME MESNAGER,
artiste peintre

QUELQUES REPÈRES

1. Mauritanie ; Angleterre ; Hollande ; Chine ; Italie. **2.** c. **3.** Bonhomme blanc.

ÉCOUTER POUR S'INFORMER

1. *Carrément* : complètement ; *À la limite* : presque ; *À perte de vue* : très loin. **2.** De "j'ai rêvé de l'Afrique" à "La Chine" ; de "j'ai peint en pleine ville" à "la limite de conversation".
Dans le document n° 2, on apprend comment Jérôme Mesnager peint son bonhomme blanc, et ses voyages à Jérusalem, Saint-Jean-d'Acre et au Néguev. Dans son interview Mesnager parle de ses expériences en Afrique, à NewYork et en Chine.
3. Document 4 : New York ; 5 : Shanghaï ; 6 : La Mauritanie.

UN PEU DE RÉFLEXION

1. a) Le désert de Mauritanie → **là** → **c'**est un autre aspect du monde → et → **ça c'**était... b) à New York → **là** → la folie des États-Unis → **ça** a été une image ; à New York → **là** le même corps (...) ; c) le grand voyage → **ça** ; le grand voyage → **là** ; d) et ma surprise → **ça**.
2. a. → d'. ; b. → e'. ; c. → c'. ; d. → b'. ; e. → f'. ; f. → a'.
3. Jérôme Mesnager dit toujours "j'ai été", marque de registre de langage familier, il est jeune et il improvise devant le micro.

INTERVIEW N° 9
ROBERT BENBIHY,
directeur de l'Opus Café

QUELQUES REPÈRES

1. Classique ; Opéra. **2.** La clientèle de l'Opus Café est composée de mélomanes qui ne vont pas au concert.

ÉCOUTER POUR S'INFORMER

1. *En avoir marre* : être excédé ; *Un client pénible* : un client fatigant ; *S'esclaffer* : rire bruyamment ; *J'aimerais beaucoup passer chez vous* : se produire sur scène.
2. Document 1 : de "oh ma clientèle" à "réserver ses billets" ; document 2 : de "on voit par exemple" à "très difficile très" ; document 3 : de "on a des clients" à "à l'Opus Café". Au début, ce principe était un peu difficile à respecter, des clients réclamaient le silence, d'autres faisaient du bruit.

UN PEU DE RÉFLEXION

1. a. → f'. ; b. → e'. ; c. → a'. ; d. → b'. ; e. → c'. ; f. → d'. **2.** e. : le client (1) × ; a. : le directeur (2) ; d. : le client (3) 0 ; c. : le directeur (4) ; g. : le client (5) 0 ; b. : le directeur (6) ; f. : le client (7) 0. **3.** jusqu'à maintenant on a eu aucune plainte de musiciens / on a des clients qui sont pénibles parfois / qui ont un comportement euh / qui veulent imposer le silence soit / d'autres estiment que / ils sont dans un restaurant donc ils doivent parler et s'esclaffer /

INTERVIEW N° 10

ALAIN ETCHEBARNE,
caviste

QUELQUES REPÈRES

1. a) Beychevelle ; c) L'Arrosée ; f) Château Figeac ; e) Cheval Blanc. Tous les vins cités sont des vins de Bordeaux. **2.** Goûter, ça s'apprend.

ÉCOUTER POUR S'INFORMER

1. *Épater quelqu'un* : étonner quelqu'un ; *Ça fait tilt* : provoquer l'approbation ; *un vin qui accroche* : un vin qui plaît à celui qui le goûte. **2.** Document 1 : de "y en a pas beaucoup" à "sera beaucoup" ; Document 2 : de "mais on sort la bouteille" à "choses comme ça" ; Document 3 : de "en somme hein" à "ça n'accroche pas" ; Document 4 : de "souvent il est préférable" à "ce mets hein".

UN PEU DE RÉFLEXION

1. nous n'allons pas tous (…) ; nous en trouvons 10 % ; ils sortent la bouteille ; nous pouvons nous déboucher une bouteille ; ils invitent le patron ; nous recherchons le défaut ; nous nous mettrons d'accord.
2. moi une bonne bouteille de vin
→ la bouteille avec cette personne.
qu'elle n'y connaît rien → c'est pas la peine c'est du gaspillage
des grands connaisseurs en vin → en
dans les consommateurs → en
dans les consommateurs → ça

INTERVIEW N°11

SYLVIE LENÔTRE,
restauratrice

QUELQUES REPÈRES

1. 1. Sylvie Lenôtre appartient à une famille de restaurateurs. 2. Alain Lenôtre s'est installé au Texas.
Sylvie Lenôtre s'est installée à Disneyworld.

ÉCOUTER POUR S'INFORMER

1. *Il faut s'en défendre* : il faut le nier; *Se rendre compte* : comprendre, s'apercevoir ; *Il vaut mieux* : il est préférable.
2. les jeunes fréquentent les fast-food ; le foie gras = un label de qualité à l'étranger ; les fromages français à l'étranger = des produits pasteurisés ! (suggestions) ; les vins français = la "haute couture" de la cuisine **3.** De "je crois que le Français" à "comme le font les Américains en France".

UN PEU DE RÉFLEXION

1. a'. bien que les enfants français aillent facilement / dans les fast-food le français moyen n'y va jamais. b'. quand il sort de chez lui c'est pour aller dans un bon restaurant. c'. parce que l'Américain n'est pas prêt sur son territoire en tout cas à payer plus (…). d'. il vaut mieux qu'on exporte des produits finis comme nos foies gras, là nous sommes les meilleurs / il s'en produit peut-être dans d'autres pays mais / en général sous label et franchise française. e'. et (…) essayer d'exporter nos fromages / quoique c'est difficile / les pays bien souvent n'acceptent que les produits pasteurisés. Sylvie Lenôtre utilise des phrases complexes (avec des subordonnées).
2. a → d' ; b → a' ; c → e' ; d → c' ; e → b'.
3. a. parce que quand il va au restaurant il choisit un bon restaurant. b. parce qu'il est très bien en France. c. parce que l'Américain n'est pas prêt / sur son territoire à payer plus cher. d. parce que là on est quand même les meilleurs. e. parce que bien souvent les pays n'acceptent que des produits pasteurisés.

INTERVIEW N° 12
PATRICK CORMILLOT,
propriétaire d'un
bouchon

QUELQUES REPÈRES

1. P. Cormillot est propriétaire d'un restaurant. **2.** Lyon.

ÉCOUTER POUR S'INFORMER

1. *La bouffe* : la nourriture ; *vous vous en tirez* : les dépenses que vous faites pour le repas ; *se casser les dents* : échouer.
2. a) De "c'était des gens" à "l'équivalent des Halles". b) un bouchon ; bouchonnait ; bistrot ; les canuts ; neuf heures ; "mâchon" ; tripes. **3.** a) Les quenelles lyonnaises et les pieds de veau ne sont pas cités. **4.** Les andouillettes de Lyon sont à base de veau, celles de Troyes, à base de porc. b) César. c) Il aime la cuisine méridionale, à base d'huile, de tomates et d'oignons. Il n'aime pas la cuisine à base de beurre et de crème.
5. bistrots populaires bon marché vs restaurants assez chers ; une clientèle populaire vs perte de la clientèle populaire ; ouverture à neuf heures vs ouverture "normale" ; un grand nombre vs un petit nombre.

UN PEU DE RÉFLEXION

1. Ils n'ont plus intérêt à ouvrir à neuf heures du matin parce qu'ils n'y aurait pas de clients / ça c'est évident ; il y en a une dizaine / c'est sûr qu'i(l) y a je sais pas j'ai pas des des chiffres exacts mais il y en avait au moins cinq ou six fois plus il y a vingt ans c'est sûr ; beaucoup se sont transformés en c'est c'est des vrais restaurateurs vous savez ; ce qu'on appelle populaire c'est manger je sais pas à un prix que tout le monde peut payer.
Toutes les interventions personnelles de Patrick Cormillot ont été supprimées.
2. on (enfin les gens qui aiment la bouffe lyonnaise); des vrais bouchons (c'est-à-dire des bistrots) ; ça (c'est-à-dire ce que moi j'appelais des bouchons) ; c' ; ça ; (c'était ça de vrais bistrots). Les ( ) signalent des précisions, des reformulations.
Les flèches mettent en relation les mots (ou expressions) avec ceux qui les reprennent.
3. a. → e.' ; b. → a'. ; c. → b'. ; d. → c' ; e. → d'.

INTERVIEW N° 13
ALBERT BOUVET,
organisateur du Tour
de France

QUELQUES REPÈRES

1. (1) Jeux Olympiques ; (2) Coupe du monde de football ; (3) Tour de France.
2. a) cinquante/soixante ; b) dix millions.

ÉCOUTER POUR S'INFORMER

1. Document 1 : de "ben le Tour de France" à "quotidiennement l'événement" ; document 2 : de "le Tour de France qui n'évolue pas" à "un stade qui se déplace". b) Le document n° 1 donne l'année au cours de laquelle eut lieu le 1er Tour de France : 1903. **2.** Suggestions : a. Quelle place occupe le Tour de France dans la presse ? ; b. Le Tour de France est-il encore un événement ? ; c. De combien de personnes est composée la caravane du Tour ?

UN PEU DE RÉFLEXION

1. L'élément qui a disparu est la pause sonore "euh". Comme toute marque d'hésitation, elle aide le locuteur à mieux construire son argumentation.
2. a. → b'. ; b. → a'. ; c. → d'. ; d. → e'. ; e. → c'.

INTERVIEW N° 14

JACQUELINE
D'ORMESSON

QUELQUES REPÈRES

1. La locutrice est d'un milieu social très aisé. **2.** a) à New York l'homme est américain, la jeune femme est française ; b) à Paris l'homme est français, la jeune femme française.

ÉCOUTER POUR S'INFORMER

1. Suggestion : L'élégance française au quotidien. **2.** De "je crois que les Françaises" à "beaucoup de chien hein". **3.** *Avoir du chien* : avoir une élégance que l'on remarque ; *Ça m'a frappé* : être étonné ; *Piquer* : voler des idées.

UN PEU DE RÉFLEXION

1. (1) les hommes me regardent bon ça c'est donc je pense qu'on est déjà portées par ce regard des hommes sur nous ; (2) on a plein de journaux féminins on a des boutiques remplies de jolies choses on est très conditionnées et on a / une créativité une invention peut-être qui est intéressante ; (3) on est habituées à se faire une robe du soir avec un rideau donc pour nous la qualité enfin je veux dire le prix n'est pas un facteur de qualité ; (4) ils sont stimulés par cette grande couture donc je pense que c'est très important qu'elle existe ; (5) la grande couture c'est une infime partie du marché et on voit d'ailleurs que la plupart des grands couturiers maintenant font du prêt-à-porter. **2.** Le mot qui manque est "je pense" qui indique l'opinion personnelle de Jacqueline d'Ormesson et son implication dans l'interview.

INTERVIEW N° 15

CLAUDE OLIVIERI,
chef de cabinet au
ministère de la
Francophonie

QUELQUES REPÈRES

1. La Belgique ; la Suisse ; le Québec. **2.** Selon C. Olivieri, le sport national français est l'orthographe.

ÉCOUTER POUR S'INFORMER

1. *Tomber en désuétude* : ne sont plus utilisés ; *l'hexagone* est "une façon de nommer la France"... et une chanson célèbre de Renaud où il est question de la France ! ; *fécond* : productif. **2.** Document 1 : de "d'une édition à l'autre" à "complètement disparu" ; document 2 : de "il faut voir tous les jours" à "cela fonctionne un jour".

UN PEU DE RÉFLEXION

1. "le français est une langue vivante dans tous les sens du terme / et une langue vivante c'est une langue qui évolue constamment / dans son vocabulaire dans sa syntaxe c'est une langue qui s'enrichit / d'une édition à l'autre d'un dictionnaire on trouve des mots nouveaux qui apparaissent / des mots qui sont tombés en désuétude / qui ont complètement disparu".
Presque tous les mots sauf (nouveaux) étaient des répétitions. Les répétitions dans une situation d'interview sont très utiles parce qu'elles permettent au locuteur de mieux argumenter. **2.** a. le français est une langue vivante (...) c'est une langue qui évolue ; b. on trouve des mots qui apparaissent ; c. (on trouve) des mots qui sont tombés en désuétude / qui ont complètement disparu ; d. hors de France il y a cent à deux cents millions de personnes qui à des titres divers comme langue seconde ou comme langue étrangère / ont appris et maîtrisent le français ; e. les Québécois qui sont des gens pour qui la forêt compte beaucoup ont depuis longtemps le mot foresterie ; f. mais regardez le succès aussi des championnats d'orthographe qu'organise Bernard Pivot. **3.** a. L'importance du français dans le monde ; b. la création d'un néologisme à

partir du québécois ; c. l'apparition des néologismes en "-rie" ; d. le mot clip ; e. la pastille audiovisuelle et le mot clip ; f. le conservatisme des Français en matière de langue; g. le succès des championnats d'orthographe de Bernard Pivot.

INTERVIEW N° 16
NOËL MAMÈRE,
journaliste et
homme politique

QUELQUES REPÈRES

1. Lieu de naissance de Noël Mamère : Libourne ; **2.** Vins renommés à Saint-Émilion Fronsac (cités par Noël Mamère) et aussi Sauternes, Graves, Margaux, etc.
3. *Résistances* est "une émission télévisée consacrée à la défense des droits de l'homme".

ÉCOUTER POUR S'INFORMER

1. *exclusivement* : uniquement ; *suppléant* : un remplaçant ; Noël Mamère veut dire que "dans ces pays on ne pratique pas la démocratie".
2. a) : faux ; b) : vrai ; c) : faux ; d) : vrai ; e) : vrai.

UN PEU DE RÉFLEXION

1. Suggestions : a. Pourriez-vous définir votre métier ? b. Pour quelles causes vous battez-vous ? c. À votre avis, à quoi sert votre émission ? d. Pourquoi faites-vous une émission engagée ? e. Comment se marque votre engagement politique ? **2.** (1) la naissance et l'éducation à Libourne : j'ai été élevé à Libourne ; (2) le goût de l'engagement : j'ai toujours eu le goût de l'engagement ; (3) l'émission *C'est la vie* / j'ai fait pendant cinq ans / une émission *C'est la vie* ; (4) l'attrait pour la vie politique / il était inévitable qu'un jour ou l'autre / je fasse le choix de m'engager définitivement dans la vie de la cité ; (5) le maire de Bègles : je suis aujourd'hui maire d'une commune / proche de Bordeaux toute proche de Bordeaux qui compte vingt-trois mille habitants et qui s'appelle Bègles ; (6) l'attachement à mes racines : j'ai toujours été attaché à / ma région à mes racines. **3.** 1) le métier ; un métier. 2) une émission qui ; qui. 3) à ce titre ; me bats ; c'est la raison, pour laquelle ; où.

INTERVIEW N° 17
JEANINE
LE FLOCH-FOURNIER
fonctionnaire

QUELQUES REPÈRES

1. grands-parents paternels (grand-père et grand-mère = français ou italiens, au choix) ; grands-parents maternels (italiens) ; père (italien ou français on ne sait pas) ; mère (italienne) ; Jeanine (française). **2.** Sa mère et sa grand-mère étaient des femmes au foyer, elles travaillaient chez elles.

ÉCOUTER POUR S'INFORMER

1. *Ironique* : savoir se moquer ; *en prendre pour cinquante ans* : à être condamné à cinquante ans (de vie commune) ; *on a beau se dire* : même si on se dit. **2.** De "j'ai une copine" à "tu commences à t'interroger un peu". **3.** Suggestions : a) L'identité culturelle en question. b) Les Français et l'esprit de sérieux.

UN PEU DE RÉFLEXION

1. a) Le mot manquant est le mot "moi". b) Il est important parce qu'il indique combien Jeanine Le Floch est impliquée **personnellement** dans ce qu'elle dit.
2. a) : tu ; b) : on ; c) : on ; d) : on ; e) : on ; f) : on ; g) : on ; h) : tu ; i) : on.
3. Jeanine : a, b, d ; l'amie : c, g ; les mariés : e, f.

INTERVIEW N° 18
JACQUES ENGELBERT,
pilote de ligne

QUELQUES REPÈRES

1. 8 fois. **2.** Suggestion : Les Français et le monde extérieur.

ÉCOUTER POUR S'INFORMER

1. *Le Français est individualiste* : il pense avant tout à lui-même ; *une boutade* : une petite histoire drôle ; *faire de l'humour à ses dépens* : se moquer de soi-même. On peut rapprocher "coreligionnaire" du mot "religion" ; ce sont les personnes qui ont la même religion, et par extension, en langage familier, les habitants d'un même pays.
2. "Qu'est-ce qu'un trilingue ? Une personne qui parle trois langues. Et un bilingue ? Une personne qui parle deux langues. Et une personne qui ne parle qu'une langue ? Un Français."

UN PEU DE RÉFLEXION

1. "je pense que le Français n'est pas très curieux de ce qui se passe à l'extérieur / je pense qu'il a euh des raisons légitimes d'être satisfait globalement de ce qu'il est / mais je crois qu'une caractéristique / à mon point de vue du Français c'est qu'il est très individualiste". **2.** a. Est-ce que le Français n'est pas un peu individualiste ? b. Qu'est-ce que le Français pense de ces coreligionnaires ? c. Pensez-vous que les Français ont le sens de l'humour ? d. Pourriez-vous, d'une boutade, caractériser les Français ?

TRANSCRIPTIONS DES INTERVIEWS

INTERVIEW N° 1
FRANCIS LEMARQUE,
chanteur, auteur,
compositeur

alors / sur Paris / j'ai écrit à Paris / Ballade de Paris / L'air de Paris / Paris se regarde / des chansons plus anonymes qui parlent de Paris / euh les rues de mon quartier / enfin y a toujours une ambiance / de rue dans la plupart de mes chansons / une ambiance / de ville / comme je suis né moi au-dessus d'un bal musette le / ce bal musette n'existe plus il s'appelle le bal des trois colonnes / il s'appelait le bal des trois colonnes / et j'ai l'impression que quand j(e) suis arrivé au monde j'ai été tout de suite saisi par un refrain d'accordéon pa(r)ce que je suis né / le vingt-cinq novembre mille neuf cent dix-sept à trois heures du matin / pa(r)ce que j'ai gardé / j'ai un tel amour de la chanson populaire de de la musique populaire / de de l'accordéon / que je pense que ça vient de là / ensuite / dans les rues / moi-même j'allais chanter dans les rues quand j'étais tout jeune pour / me faire un peu d'argent de poche j'avais je connaissais trois / quatre cents / cinq cents chansons de l'époque et j'avais pas de mal à / trier dans ce répertoire / la dizaine de chansons dont j'avais besoin / pour chanter dans les rues / (…)

Paris se regarde briller	Ces maisons qui s'allument
Dans le miroir glacé	Au matin une à une
De la Seine tranquille	Paris se regarde flâner
Paris se regarde grandir	Dans le monde inventé
Dans les yeux d'un enfant	Dans le cœur des poètes
Dans son premier sourire	À la ville comme à la scène
Paris regarde s'éveiller	Paris s'habille de poèmes

ben / Paris ça représente euh une enfance extraordinaire / que j'ai connue / parce que / mes parents étaient obligés de travailler à l'extérieur et à l'époque c'était pas quarante heures par semaine / c'était soixante heures par semaine donc ils quittaient la maison très tôt / et rentraient très tard / et très jeune j'étais un enfant / euh pratiquement livré à moi-même et je vagabondais dans toutes les rues de mon quartier / j(e) découvrais des tas de choses que les enfants aiment bien découvrir / et surtout ce quartier était un quartier / assez / magique parce que à partir de neuf heures du soir / tous les bals musettes de la rue de Lappe commençaient à vivre / les enseignes s'allumaient / les a - on entendait la musique s'échapper des bals musette on entendait des refrains d'accordéon / et puis Place de la Bastille il y avait également des petits / des p(e)tits bistrots avec des terrasses surtout en été pleines de de consommateurs et des petits orchestres pour animer leurs soirées / et puis y avait les chanteurs des rues donc y avait une vie musicale extraordinaire pour un enfant libre / y avait les concerts aussi qui se donnaient / dans les squares municipaux y avait le square Trousseau et le square de la place des Vosges donc moi je passais mon temps / à / flâner dans les rues de Paris / dans la journée quand j'allais pas à l'école hein / car j'allais de temps en temps à l'école quand même j'étais un bon élève mais je faisais pas mal d'école buissonnière / y avait aussi tous les artisans de ce / quartier / y avait vous savez que le Faubourg Saint-Antoine est réputé pour euh / ses travaux de / menuiserie d'ébénisterie donc moi j'avais de quoi me remplir les yeux / les oreilles et l'esprit euh / donc je garde de ce quartier l'image extraordinaire que j'ai peut-être embellie avec mes souvenirs / d'un quartier plein de surprises / de découvertes toujours inattendues et qui m'ont passionné pendant / j(e) vous dis / de nombreuses années /

INTERVIEW N° 2
M. ABATTE,
boucher dans le 7e
arrondissement

Paris / c'est c'est un tout / Paris c'est la capitale / de la France euh Paris c'est euh c'est comment vous expliquer ça Paris c'est la tour Eiffel / c'est l'Arc de Triomphe euh Paris c'est la butte Montmartre c'est le Sacré-Cœur / j(e) veux dire / où voulez vous trouver ailleurs au monde tout c(e)t ensemble de choses / j(e) veux dire où / la preuve y a pas que des gens comme nous que des Parisiens / quand vous voyez des millions et des millions et des millions d(e) gens qui viennent en France c'est que je veux dire nulle part ailleurs / on pourrait parler des autres pays de l'Alle- de l'Italie tout ça pourtant qui ont une forte culture mais Paris c'est Paris le Louvre y a y a des choses tellement merveilleuses l(e) / musée d'Orsay le y a y a tellement de choses si vous voulez avec **un tic**ket de **mé**tro / **un** ticket de métro vous faites le tour de Paris pour voir toutes ces choses là j(e) veux dire c'est fa**bu**leux / où voulez-vous trouver le boulevard Ha**u**ssmann où voulez-vous trouver les **In**valides **nu**lle part **nu**lle part au monde / (...) mais Paris c'est un village / que ça soit le **se**ptième / que ça soit le **dix**-septième / que ça soit le **vin**gtième / que ça soit le **qua**torzième / le tr**ei**zième avec ce côté cosmo**pol**ite des gens j(e) veux dire c'est c'est des villages à la fois j(e) veux dire / les gens vous parlent à des gens des gens vous disant écoutez ça fait **soi**x**an**te ans que

j'habite ici / c'est qu'i(l) y a une raison quand des gens restent **au**tant d'années à un endroit / des générations / c'est que / ils s'y pl**ai**sent et quand ils parlent de leur quartier/ i(l)s en parlent avec les les yeux qui leur **sor**tent de la tête comme si c'étaient des p**ha**res / je veux dire que les yeux **pa**rlent pour **eu**x / dans le fond j(e) veux dire que c'est les quand les gens il suffit d'observer les gens quand i(l)s vous parlent de quelque chose et de leur quartier vous observez leurs yeux vous avez tout compris / ils ont les yeux qui qui brillent les yeux de d'**ad**miration / c'est ça qui est ma**gni**fique /

INTERVIEW N° 3
ARLETTY,
comédienne

ben une vraie Parisienne / si on veut trouver des ancêtres de trois quatre cents ans non / là sûrement **pa**s / mais je suis une Parisienne oui je à Paris malgré tout mes parents s'y sont mariés et tout ça oui / mes origines sont auvergnates alors de toute façon j'ai été élevée à / à Montferrand aussi là / si on peut dire des cultures j'ai la culture auvergnate aussi / (...) j'adore **Pa**ris / n'y étant pas née je dirais j'aurais voulu naître à Paris (...) j'aime **tou**t de Paris / je n'aime pas spécialement un coin de Paris j'aime **tou**t j'aime **tou**t ce qui est de Paris / l'esprit parisien surtout l'esprit j'ai aimé beaucoup Puteaux j'ai

aimé beaucoup Puteaux pa(r)ce que j'ai été à l'institution à Puteaux / mais non je n'ai pas de préférence j'aime évidemment ces banlieues là Puteaux et Courbevoie / dans sa qualité de ville de capitale oui je dirais c'est la plus grande capitale (...) la chanson de Mistinguett je pense Paris sera toujours Paris je crois que c'est elle qui l(e) chantait je ne sais pas / mais quand / c'est vrai que Paris sera toujours Paris (...) l'esprit parisien je crois que c'est climatique c'est un climat / comme les gens ont l'accent de la Bourgogne comme ils ont l'accent bordelais y a de l'esprit de Paris qui est au fond est un accent je trouve /

INTERVIEW N° 4
FRANÇOIS
LE QUEMENER,
prêtre

"O Breizh ma bro !
me'gar ma bro
Tra ma vo'r vel mur'n ni z'ro
Ravezo digabestr va bro !"

"Oh Bretagne mon pays !
Je t'aime mon pays
Tant que la mer t'entourera
comme un m**u**r
Reste libre, mon pays !"

on nous interdisait de parler breton à l'école et / si on parlait breton si on était surpris à parler breton on avait une punition / dans dans certaines régions on leur suspendait un sabot au cou / et puis le gars qui avait le sabot bon / euh son rôle était / de surveiller les autres et puis dès qu'il entendait / quelqu'un d'autre parler breton il lui passait le sabot / alors quand je raconte ça j'ai eu quelquefois affaire à des personnes qui se sont / enfin vous êtes quand même français bon / le cours de l'histoire fait que / j'ai une carte d'identité française mais je suis né dans une ferme bretonne ma langue maternelle c'est le breton pourquoi voulez-vous m'interdire d'ê**tre** b**re**ton / **ça** peut se compléter / **ça** peut / s'enrichir mutuellement mais me demandez pas de renier mes racines prof**on**des et d'être un être dépersonnalisé et déraciné / (...)

j'ai vécu moi en Bretagne un christianisme euh je dirais s**o**ciologique / dans ma paroisse d'origine euh / le rect**eu**r comme on dit en Bretagne le chef de paroisse euh le curé si vous voulez / aurait pu compter / sur les doigts de la main sur une population globale de quinze cents habitants il aurait pu compter le nombre de non-pratiquants / d'ailleurs euh il devait avoir l'œil le dimanche et il devait / tout en faisant / son sermon / bon ben il devait euh détecter tiens il y a une tête là je l'ai pas vue bon / ben dans la semaine vous pouvez être sûr que / le brave paysan qui n'avait / qui s'était / qui était absent / ben il avait la visite du recteur qui venait lui demander / ben qu'est-ce qu'il y a Jean-Marie tu étais malade / ah non non monsieur le recteur mais je / ben très bien / (rires) / j'ai été dix-neuf ans vicaire euh de paroisse en Bretagne cinq ans avec des cheminots cinq ans en monde rural et puis euh neuf ans euh à Lorient dans le secteur du port de pêche précisément / eh b**ie**n j'ai connu / enfin j'ai j'ai s**en**ti chez beaucoup de gens une foi **ré**elle / m**ai**s je n'affirmerais pas globalement que les gens ont la foi / il y a une pratique religieuse mais qui n'est pas forcément la foi / je dirais que vous en vous avez des gens qui disent moi je suis croyant ben je ne serai pas aussi affirmatif / d'autres d'ailleurs qui se prétendent athées / et justement ils l'affirment avec tellement de force que je ne suis pas du tout sûr qu'ils le soient /

INTERVIEW N° 5
GÉRARD
REDELSPERGER

chez moi c'est / c'est / mon home c'est mein Heim comme on dit euh / je suis bien chez moi / et les noms des villages se terminent toujours Turckheim par exemple / par Heim / ce qui veut dire / chez soi / l'Alsace en elle-même bon elle a déjà une âme euh / un peu particulière / et les gens euh s'y plaisent / ils cultivent euh avec amour i(l)s / ont beaucoup de fleurs i(l)s aiment la nature i(l)s ont / i(l)s ont un amour / de de ce qu'ils ont / de de leur terre de leur jardin / également de leur euh de leur intérieur / pa(r)ce que les intérieurs alsaciens sont / sont particuliers / vous avez beaucoup de boiseries / vous avez beaucoup de de poêles en faïence vous avez beaucoup de poteries à l'intérieur / des poteries culinaires / parce qu'on cuit souvent dans ces poteries / oui c'est des gens qui aiment bien vivre et la nourriture euh / effectivement la recherche de la bonne nourriture est très très importante (...)
pour nous c'est / la cigogne / qui apporte les enfants à la maison / la dame qui accouche d'un enfant on dit c'est la cigogne qui l'a apporté / et pour appeler la cigogne ben i(l) faut mettre un suker / devant la fenêtre / et c'est si le suker est enlevé / c'est que la cigogne est passée récupérer le suker et bien sûr y aura (rires) y aura une naissance dans la famille / la cigogne euh on a eu quelques difficultés après la guerre / pa(r)ce-que c'est un oiseau migrateur et / comme il traversait certaines / certaines contrées où les gens avaient besoin (rires) d'avoir quelque chose dans l'assiette euh / i(l) terminait dans l'assiette / alors euh / je parle de l'Italie ou d'autres régions donc pa(r)ce qu'elles vont en Algérie en Tunisie elles vont nicher pendant l'hiver sur les côtes d'Afrique / du Nord / au printemps elles reviennent et puis elles font des petits et puis elles retournent en automne / et en général elles ont / un ou deux trois petits cigogneaux / et les cigogneaux bon / ils apprennent à voler au / avant le début de l'automne / et ceux qui n'arrivent pas à voler / bon ben ils sont condamnés et autrefois ils tombaient et ils tombaient du nid comme c'était / à / trente ou quarante mètres de haut bon ben / vous voyez le résultat / i(l)s ont jamais vu l'Afrique du Nord (rires) /

INTERVIEW N° 6
CÉSAR,
sculpteur
contemporain

j(e) suis né à Marseille / mais j'ai jamais quitté le le Midi pa(r)ce que dans le fond les gens du Midi i(l)s restent toujours des gens du Midi / pa(r)ce qu'ici qu'est-ce que je vois des gens du midi / les bistrots où je vais manger c'est toujours à base de de il faut qu'il y ait toujours pas de beurre pas de crème c'est ça être du Midi dans le fond c'est toujours des aubergines des courgettes des tomates de l'aïl de l'oignon / je / reste quand même euh / ma sensibilité reste toujours marquée / j'ai plutôt tendance à aller dans un restaurant / bon / quoique / je je vis à Paris depuis tellement longtemps que / il est certain qu'il y a une cuisine française lyonnaise mais enfin ma ma cuisine c'est quand même euh une cuisine de l'olive / voilà / je reste méditerranéen partout où je vais je cherche toujours / et aujourd'hui comme euh les Italiens ont / se sont imposés dans le monde il est certain qu'on trouve toujours même à Londres ou / y a des restaurants italiens popu / très connus partout / donc je trouve tou-toujours un endroit où je peux quand je suis à New York il est certain que / je peux pas / je vais pas dans un MacDonald / il est certain que je trouve toujours un bistrot / oui un bistrot un italo quelconque ou alors un / on peut trouver un restaurant français /

INTERVIEW N° 7
CAROLINE MATHIEU,
conservatrice au
musée d'Orsay

écoutez on est euh gros gros prêteur / et en tout on doit bien avoir sur tout tout l'ensemble des collections on doit bien avoir deux cents / ou trois cents / œuvres qui s'en vont dans l'année / c'est énorme vous savez / donc on est très très prêteur et on le fait volontiers quand ce sont des expositions ben évidemment scientifiques / monographiques / d'intérêt vraiment / pour pour pour les organisateurs et pour nous-mêmes / mais nous sommes aussi / très gros emprunteurs puisqu'on fait des expositions comme Gauguin que vous avez vue / où on a réussi à / obtenir des prêts extraordinaires ne serait-ce que de / d'URSS pour lequel c'est pas si facile / mais / à chaque fois on donne quelque chose en échange par exemple l'URSS nous avait prêté / Léningrad et Moscou avaient prêté quasiment la totalité de leurs Gauguin / mais en échange ils nous ont demandé de leur faire une exposition Gauguin donc quand / tous les Gauguin du Grand Palais sont revenus / une dizaine de nos Gauguin sont repartis euh pour / la Russie pendant à nouveau euh six mois / pour les remercier de leur générosité donc vous voyez il faut énormément composer / s'arranger / et c'est assez normal / le problème maintenant ce sont les assurances pa(r)ce qu'avec ces valeurs d'assurance je on ne sait pas très bien c(e) qu'il faut faire / est-ce que nous devons suivre le marché / et c'est de la folie pa(r)ce que alors dans ce cas-là on ne peut pas prêter euh / le le moindre tableau de Van Gogh sans être à quatre cents millions de francs euh / c'est c'est complètement fou (...) vous savez y a dans notre métier qui est / c'est un métier merveilleux et moi j'aimerais absolument pas en faire un autre / et on a une chose extraordinaire dans ce métier c'est qu'on accompagne les œuvres qu'on prête c'est toujours comme ça / on nous dit toujours oh vous avez de la chance i(l) se passe jamais rien / si si parce que par exemple on prête à /

Tokyo une série de tableaux d'Odilon Redon donc c'est des tableaux assez fragiles assez légers assez fragiles en bon état en très bon état mais enfin bon i(l) faut faire attention à ces choses-là / à Anchorage l'avion s'arrête i(l) faisait moins vingt ou moins trente à Anchorage et on nous dit euh nous sommes désolés mais il y a un gros problème avec cet cet avion par conséquent vous allez passer la nuit ici ça faisait / comme ya un gros décalage horaire ça faisait / presque vingt-quatre heures / d'**a**rrêt à Anchorage les tableaux étaient dans une soute non climatisée c'est absolument impossible de laisser des tableaux à moins vingt / pendant euh / pendant vingt-quatre heures au bout de vingt-quatre heures vous avez des échanges entre l'é l'extérieur et l'intérieur / alors à c(e) moment là i(l) faut que vous ayez le courage de sortir votre carte de montrer votre ordre de mission / de faire sortir c'est c(e) qu'a fait mon collègue de faire sortir les caisses / de l'avion de les faire mettre dans une salle climatisée gardée évidemment

parce que c'est des valeurs d'assurance importantes / donc voyez ce genre de choses arrive (…) / mais ce qu'i(l) faut absolument qu'on fasse c'est trouver des mécènes / donc c'est c(e) qu'on fait / pour chaque exposition ou presque on a un mécène / le Crédit Lyonnais par exemple nous a / per**m**is d'acquérir un / un / mobilier absolument m**ai**s unique de Van de Velde / en nous donnant une somme d'argent / c**o**nséquente vraiment donc voyez c'est / c'est quand même du mécénat / bon en revanche nous on leur permet de / je sais pas / de de faire un / un cocktail dans le café des hauteurs euh du Louvre ou des choses comme ça mais on cherche vraiment on a besoin de mécènes / moi j'ai eu de la chance pour euh pour cette exposition sur la Tour Eiffel et l'Exposition universelle j'ai eu un sponsor japonais / qui a donné une très très grosse somme d'argent et qui était absolument **en**thousiaste / celui en tout cas qui a l**a**ncé l'affaire était absolument **pa**ssionné par la tour Eiffel / alors j'ai entretenu j'ai attisé cette passion / (rires)

INTERVIEW N° 8
JÉRÔME MESNAGER,
artiste peintre

j'ai rêvé de l'Afrique euh quand j'étais enfant et j'ai voulu euh à vingt ans découvrir l'Afrique / donc je suis parti avec un sac à dos / avec très peu de moyens / et mon pot de peinture / et j'ai / donc euh abordé le le Sénégal le la Mauritanie / donc j'ai traversé le désert de Mauritanie et là bon ben c'est un autre aspect du monde que que la ville que Paris et ça c'était passionnant et donc j'ai placé mon personnage euh / à la fois dans le désert ou dans la savane pour euh exprimer aussi mon désir de d'aller / d'aller découvrir ailleurs et ensuite bon j'ai voulu voir l'opposé un petit peu la **vi**lle donc j'ai été à New York / et là j'ai découvert la **fo**lie / des États-Unis c'est-à-dire ces immenses buildings / cette dimension euh / qui nous dépasse carrément / donc euh / le le maximum de la ville ça été une image assez étonnante / et là le même corps qui avait / qui avait cette importance euh dans dans la jungle ben devenait perdu à la limite au milieu de cette immense cité /

ensuite j'ai été bon dans les villes d'Europe en Italie j'ai été en Angleterre j'ai été en à Amsterdam aussi euh / en Hollande / (…) et puis surtout le le grand grand voyage ça a a été la Chine / et là eh bien j'ai peint en pl**ei**ne ville / à Shanghaï et / ma surprise ça été / tous les gens qui sont venus qui m'ont qui m'ont fait comme une fête / de voir que une expression nouvelle pour eux / euh se faisait au milieu comme ça des des gens et i(l)s m'ont apporté de la bière et tout et étant donné que j(e) pouvais absolument pas communiquer avec eux par la **pa**role à cause de la différence de langue / eh bien c'est le geste p**ein**t qui a servi de communication / et là j'ai découvert quelque chose d'extraordinaire c'est-à-dire que / c'est vrai qu'un / un coup de pinceau peut aussi parler et donc tenir lieu à la limite de conversation / ensuite j'ai été peindre sur la Muraille de Chine / cet immense euh mur qui serpente comme ça sur la montagne / comme un immense dragon et là j'ai marché **tou**te une journée à perte de vue /

INTERVIEW N° 9
ROBERT BENBIHY,
directeur d'une salle
de café-concert,
l'Opus Café

oh ma clientèle elle est tr**ès** vaste très large et et / pour le moment / on a beaucoup de mal à la classer / certainement beaucoup de mélomanes / ça c'est évident / euh mais en dehors de ça des / **tas** de personnes qui ne sont pas des habitués des salles de concerts et qui / qui découvrent euh / dans cette formule une manière d'approcher euh cette musique parce que bon c'est c'est plus en rapport avec leur / leur façon de vivre / que le la salle de concerts c'est toute une histoire hein il faut réserver ses billets / on on voit par exemple des jeunes musiciens qui moi je trouve vont pouvoir s'exprimer / dans des endroits comme l'Opus Café euh / d'une **tou**te nouvelle manière / et ils

en sont très conscients / ils en ont marre un petit peu de l'approche qu'on leur a réservée enfin un musicien classique qui a fini son conservatoire il attend des années avant de jouer etc. euh / il travaille il travaille il travaille i(l) sait / pas quelle carrière il va faire comment elle va partir et cetera c'est c'**est** très compliqué très c**om**plexe très difficile très / alors que là s'ils ont des endroits où i(l)s peuvent s'exprimer jouer bon dieu c'est / mais nous y a du mouvement en même temps que la musique ça bouge / (…)
jusqu'à maintenant on a eu au**cu**ne plainte de musiciens / on a des clients qui sont pénibles / parfois / qui ont un comportement euh qui veulent **im**poser soit le silence soit / d'autres estiment que / ils sont dans un restaurant donc ils doivent parler et s'esclaffer et cetera / mais petit à petit enfin

ça c'était plutôt au début petit à petit la bonne mesure se trouve et puis les gens comprennent que bon / et mais les musiciens n'ont **ja**mais rien dit n'ont jamais été gênés ont toujours été tr**è**s contents de pouvoir jouer d**an**s / dans à l'Opus Café et dans ces conditions là y avait un client qui / qui avait demandé le silence alors ça c'est une belle anecdote tiens vous m'en demandez une je vais vous en raconter une / on était là y avait Elsa Maurus qui chantait et puis effectivement y a quelqu'un qui / qui parlait là-haut / puis y a un monsieur qui était là / qui s'est assis / qui s'est levé / et qui a dit c'est sc**an**daleux on ne p**eut** pas on ne p**eut** pas écouter de la **mu**sique je ne sais pas **où** on est ici mais c'est sc**an**daleux c'est une façon im**po**ssible de se conduire et cetera et cetera /

alors on a dit monsieur calmez-vous ça va ça va s'arranger / il s'est assis puis il a écouté / puis à la fin de la soirée il a applaudi il applaudissait il applaudissait il était content et cetera / il vient me voir il me dit monsieur vous êtes un des directeurs de l'établissement je lui fais oui monsieur je i(l) me fait écoutez / je vais vous demander quelque chose / mon amie et moi-même mon amie est pianiste et moi je chante vous savez du Poulenc du Milhaud et cetera et j'aimerais beaucoup passer chez vous un de ces soirs et cetera je lui fais écoutez c'est pas possible vous avez vu / vous avez vu comment comment on se tient ici (rires) c'est p**as** possible monsieur c'est p**as** possible il me fait mais si c'est tr**è**s bien c'est tr**è**s bien /

INTERVIEW N° 10
ALAIN ETCHEBARNE,
caviste

les Français savent-ils vraiment apprécier leur vin / non / non / ceux qui ont de de grandes caves ce sont des gens qui ont des grandes caves avec de belles étiquettes sur les bouteilles des des étiquettes prestigieuses / euh que ce soit les châteaux Beychevelle Figeac / l'Arrosée euh on va pas tous les citer / mais on sort la bouteille pour les circonstances euh ou pour épater l'ami / ou pour euh j(e) sais pas avoir de l'augmentation / si on invite son patron ou des choses comme ça bon y a évidemment y a les vrais amateurs hein moi une bonne bouteille de vin / si je sais que quelqu'un aime le vin je déboucherai la bouteille avec cette personne mais si je sais / qu'elle est qu'elle n'y connaît rien / c'est pas la peine c'est du gaspillage mais des grands connaisseurs en vin pour l'instant il n'y en a pas / pas beaucoup hein / dans les consommateurs si on en trouve dix pour cent ça sera beaucoup / (...) souvent on recherche le défaut / ça c'est tu / c'est typiquement français / on va chercher d'abord ce qui n'est pas bon avant / de trouver ce qui est bon et après on se mettra toujours d'accord / mais au départ / tiens il est pas assez chambré tiens je lui trouve / il est un petit peu vert tiens il est / chacun apporte euh / une note de quelque chose mais / c'est tout de suite un reproche vous verrez si vous participez dans des dans des dégustations on va toujours vous vous chercher le petit défaut du vin qu'en définitif chaque petit défaut fait partie du / fait partie du vin c'est un c'est un mal nécessaire en somme hein vous savez quand vous goûtez un vin faut que ça fasse tilt hein / si / si vous voulez euh ça plaît où ça plaît pas pas ça ne veut pas dire que le vin ne sera pas bon ou il vous plaît ou ça accroche ou ça n'accroche pas /souvent il est préférable de / de goûter un vin avec un mets / mais en ayant / soigneusement / choisi le vin en fonction de de ce mets hein / mais il est aussi agréable de boire des grands vins des des bons vins seuls / en en communauté c'est très bien chacun apporte son avis / ça donne des controverses quelquefois / c'est intéressant / ça a un côté pédagogique très intéressant / à quat(r)e ou cinq euh se déboucher une bouteille de / j(e) sais pas moi Château Figeac ou un Cheval Blanc chacun apporte son avis / c'est un / beau sujet de conversation /

INTERVIEW N° 11
SYLVIE LENÔTRE,
restauratrice

les Français sont bons dans ce qu'il y a de / effectivement de produits de haut de gamme / euh ils ont du mal à produire des produits de moyenne gamme / et de bas de gamme encore plus / et / bien que / les enfants français aillent / facilement dans des fast-food le le Français moyen euh / n'y va jamais enfin il dit qu'il n'y va pas en tout cas pa(r) ce que / il dit que quand il sort de chez lui c'est pour aller dans un bon restaurant / la France exporte peut-être mal ses / ses petits restaurants / et l'image effectivement de la gastronomie est une une image de luxe / je pense pas qu'il faille s'en défendre je pense que le / le / problème le problème n'est pas là / le problème est que le Français déjà par lui-même n'aime pas beaucoup euh s'exporter il a du mal à changer d'habitudes il a du mal à se trouver hors de ses frontières pa(r)ce qu'il est très bien en France peut-être ou quand i(l) quand i(l) part à l'étranger c'est le cas de mon frère / Alain Lenôtre est parti s'installer aux États-Unis / il est parti là-bas un peu comme l'apôtre de la gastronomie / et il essaye dans le Texas de donner des habitudes alimentaires di-différentes aux Texans et / i(l) se rend compte par lui-même que en fait euh i(l) faut s'adapter au pays donc euh il fait effectivement de merveilleux gâteaux il fait de très belles pièces montées il a des / des prestations de prestige / mais à côté de ça il produit des produits américains pa(r)ce que l'Américain n'est pas prêt / sur son territoire en tout cas à payer / plus de / un dollar ou deux dollars / un quelque chose à manger / il n'est pas du tout / alors que quand il vient en France il est il est / prêt à le dépenser / (...) alors nous nous avons la chance d'être implantés à à Disneyworld / en Floride au niveau des différents pavillons de tous les pays du monde / et là bien sûr on on a des prix quand même / très abordables pa(r)ce que / on s'adresse à un public qui / n'a pas forcément les moyens de payer / deux cent cinquante trois cents voire quatre cents francs dans un repas et on / s'en tient à ce moment-là à une cuisine traditionnelle française et on sait faire / mais / je crois que le Français saura jamais faire euh à l'étranger des menus à à soixante-dix francs ou à soixante francs comme le font les Américains en France / i(l) vaut mieux qu'on exporte des produits finis des produits transformés de haut de gamme comme nos foies gras / pa(r)ce que là on est on a quand même les meilleurs quoi que / i(l) s'en produit peut-être dans d'autres pays mais / en général sous label et sous franchise française et puis euh / rester / dans le très haut de gamme aussi pour tous nos vins / euh et essayer d'exporter nos fromages quoique c'est difficile pa(r)ce que / bien souvent les pays n'acceptent que les produits pasteurisés et là on perd beaucoup des produits et là je je on a suffisamment l'occasion avec mon père avec Gaston Lenôtre de partir à l'étranger pour voir ce qui se fait / pour se rendre compte que / la gastronomie est une des choses les plus difficiles à copier /

INTERVIEW N° 12
PATRICK CORMILLOT,
propriétaire d'un
bouchon

mais c'est vrai qu'à Lyon on déplore / enfin les gens qui aiment la bouffe lyonnaise déplorent / la disparition des vrais bouchons / c'est-à-dire des bistrots pa(r)ce que même à Lyon ça disparaît hein c'est-à-dire ce que moi j'appelais les bouchons / c'était des gens qui qui étaient capables de vous faire un plat de tripes à neuf heures le matin / pa(r)ce qu'à Lyon c'était / c'était bon à l'origine c'était ça c'était ça des vrais bistrots les gens travaillaient de très bonne heure le matin / ils commençaient mettons à cinq heures comme dans les soieries / les gens bon ils tissaient à partir du jour donc à neuf heures les gens avaient faim / les gens allaient manger dans dans les bouchons et on vous servait un plat de tripes ou un plat / ou des andouillettes l'équivalent des Halles c'était une vie pareille et c'était pas cher / et ce genre de bouchons même si / ils ont plus intérêt à ouvrir à neuf heures du matin parce qu'ils n'auraient pas de clients ça c'est évident / y a moins de gens qui mangent le matin mais le bouchon typique traditionnel il y en a mais il n'y en a plus que / je sais pas sur une ville comme Lyon il y en a une dizaine / c'est sûr qu'i(l) y a je sais pas j'ai pas des des chiffres exacts mais il y en avait au moins cinq / six fois plus y a y a vingt ans c'est sûr / maintenant beaucoup se sont transformés en c'est c'est des vrais restaurateurs vous savez que la cuisine lyonnaise c'est une cuisine de femmes y avait beaucoup de femmes qui étaient chefs de cuisine / et c'était c'était des gens qui avaient fait aucune étude de cuisine c'était pas des chefs avec une euh toque et tout / et maintenant c'est devenu une cuisine de professionnels / disons que ça a évolué / mais ça a évolué que que dans un sens / les bouchons ont disparu en même temps / même au prix le prix n'est plus / n'est plus populaire le les bouchons que je connais à Lyon vous vous en tirez quand même à cent cinquante à deux cents francs / en mangeant bien mais donc c'est p(l)us populaire / ce qu'on appelle populaire c'est manger je sais pas à un prix que tout le monde peut payer comme ça sans que ça soit la fête /
(...) souvent des plats simples comme euh des abats c'est-à-dire les sabodets / des tripes / des andouillettes / et tout ça des plats style aussi / je sais pas des bourguignons / des plats en sauce mais simples c'est-à-dire les foies de veau les andouillettes / les andouillettes de veau d'ailleurs c'est des andouillettes faites avec des abats de veau c'est pas des andouillettes de porc comme à Troyes les tripes et bon chaque morceau de la tripe / le saucisson bon tout tout ce qui est cochonnaille en général et après y a toute une cuisine à base un peu un peu / comme dans la région de la Bresse toute une cuisine à base quand même de crème fraîche de vinaigre de vin et tout ça une cuisine assez lourde quoi tous les gens qu(i) ont voulu faire un mélange de nouvelle cuisine et de cuisine lyonnaise ils se sont / ils se sont cassé les dents quoi / ils ont été obligés de revenir à la cuisine traditionnelle / ben c'est-à-dire essayer de faire la même cuisine avec les mêmes produits et une cuisine légère c'est un peu dur quoi / donc il y a des gens qui ont essayé moi je sais que il y a des restos à Lyon qui ont maintenant est-ce que ça marche / j'en sais rien ça ça sais pas de toute façon c'est pas ce que j'aime alors /

INTERVIEW N° 13
ALBERT BOUVET,
ancien cycliste,
organisateur du Tour
de France

ben le Tour de France pour moi euh reste un événement mondial euh / je crois pouvoir dire et je suis peut-être mal placé pour le dire mais d'autres observateurs vous le confirmeraient / que le Tour de France est considéré aujourd'hui euh / comme le troisième événement mondial / sportif / après / les jeux Olympiques et la Coupe du monde de football euh il est considéré comme tel aujourd'hui à lui de le rester / (...) oh oui moi j'ai connu effectivement les époques euh l'époque du moins des années cinquante euh / et soixante puisque c'était l'époque où / j'évoluais comme pratiquant mais le Tour de France n'a pas perdu de son audience au niveau du du public et aujourd'hui je crois pouvoir dire que / il déplace euh / plus de dix millions de spectateurs sur son itinéraire / c'est assez impressionnant quand on sait que / ce sont huit chaînes de télévision / qui euh retransmettent euh quotidiennement l'événement / (...) ben le Tour de France lui déplace pour euh / pour ce qui le concerne / déplace environ actuellement / trois mille deux cents personnes / trois mille deux cents personnes / itinérantes pendant tout le déroulement de l'épreuve et qui sont euh divisées en plusieurs catégories y a tout d'abord euh / les participants / les concurrents **don**c / et tout le staff qui les entoure c'est-à-dire l'encadrement des équipes / et cetera / ça c'est pour la / partie euh participante que nous / organisateurs nous gérons et nous prenons en charge / mais le Tour de France donc draine euh tout / tout un volume euh presse qui est très important puisqu'il est / composé aujourd'hui de sept cent cinquante journal**is**tes / avec tout ce que ça comporte comme conducteurs techniciens qui s'y rattachent / et qui se déplacent pour euh commenter l'événement qui doivent aujourd'hui d'ailleurs davantage le suivre euh / à la radio plutôt que visuellement puisqu'aussi bien vous comprenez que / le Tour de France qui n'évolue pas sur un stade ne peut pas non plus permettre euh à tous les observateurs d'être au cœur de la course i(l) faut bien que l'épreuve en elle-même se déroule / comme si c'était un stade qui se déplace /

INTERVIEW N° 14
JACQUELINE D'ORMESSON

qu'est-ce que c'est que l'élégance française au quotidien / bon déjà je pense qu'on est effectivement très conditionnées par ces valeurs de d'esthétisme hein / que / l'homme français a un regard sur nous / ça ça m'a frappée quand j'ai été à New York les hommes dans la rue ne me regardaient pas / j'arrive à Paris les hommes me regardent bon / ça c'est / donc je pense qu'on est déjà portées par ce regard des hommes sur nous qui nous oblige à faire un effort / alors ça fait partie je pense de notre culture / ensuite je crois qu'on en est très conscientes du fait que / on attend quelque chose de la femme française / on est très conditionnées par ça on a plein de journaux féminins on a des boutiques remplies de jolies choses / et / je pense qu'on a un / sens / esthétique de qui est qui est fort en France / et on a / on a une créativité une invention peut-être qui est intéressante / (...) je crois que les Françaises on est / on est habituées depuis toujours à faire n'importe quoi avec un bout de chiffon hein/ on se débrouille de / à / à nous faire une robe du soir avec un rideau donc pour nous euh / la qualité euh enfin je veux dire le **pr**ix n'est pas un facteur de qualité hein / donc on arrive à trouver des petites tenues pas chères je crois qu'on est très douées pour ça / et qui ont beaucoup comme on dit en France beaucoup de **ch**ic / beaucoup de **chie**n / (...) la grande couture c'est pour les étrangers maintenant (rires) je crois qu'y a très très peu de Françaises qui s'habillent chez les grands couturiers / j'ai l'occasion j'ai eu l'occasion j'ai eu l'occasion de travailler pour un grand couturier Jean-Louis Schérer / et c'est vrai que la grosse euh / la plus grande partie de la clientèle / ce sont des étrangers / et que / c'est tout de même **très** peu abordable effectivement / par contre ça définit la mode ça définit les tendances ça donne des idées ça fait que des petits créateurs euh / piquent des idées copient des choses et qu'on arrive / à trouver donc du coup chez des gens qui sont de moins bonne qualité / des des idées de la créativité parce que / ils sont stimulés / par cette grande couture donc je pense que c'est très important qu'elle existe / mais je veux dire la grande couture c'est un une infime partie du marché et on voit d'ailleurs que la plupart des grands / couturiers maintenant font du prêt-à-porter si ce n'est d'ailleurs des modes jeunes hein /

INTERVIEW N° 15
CLAUDE OLIVIERI,
ministère de la Francophonie

le français est une langue vivante dans tous les sens du terme / et une langue vivante c'est une langue qui évolue constamment / dans son vocabulaire dans sa syntaxe c'est une langue qui s'enrichit / d'une édition à l'autre d'un dictionnaire on trouve des mots nouveaux qui apparaissent / des mots qui sont tombés en désuétude qui ont complètement disparu / le français j'ajouterai aussi autre chose / y a à peu près en France la totalité / de la population qui parle le français / mais / hors de France il y a cent à deux cent millions de personnes qui à des titres divers comme langue seconde ou comme langue étrangère / ont appris et maîtrisent le français / et du même coup participent à cette espèce de création permanente du français comme de toute autre grande langue / internationale de communication / (...) il y a un assez grand nombre de mots et l'Académie française euh dont le rythme de travail est assez lent a publié l'an dernier une liste d'ailleurs d'une centaine de **né**ologismes / venus de l'extérieur de l'hexagone / des mots d'origine québecoise belge suisse africaine et cetera / je citerai un exemple de ces mots-là que nous pouvons accueillir sans aucun problème / il n'y avait pas de mot en français par exemple pour désigner tout le euh / travail euh concernant euh la forêt / les Québécois qui sont des gens pour qui la forêt compte **beau**coup ont depuis longtemps le mot / ont inventé depuis longtemps le mot foresterie pour désigner donc tout le / travail d'ingénierie qui concerne qui concerne / ce domaine / l'Académie française a accueilli le mot foresterie qui est un mot forgé de manière tout à fait claire compréhensible selon les règles de / de suffixation tout à fait faciles à comprendre le suffixe erie est un suffixe / extrêmement euh extrêmement fécond euh en français / il faut voir tous les jours sur les devantures des magasins de nouveaux mots apparaître on parle de croissanterie comme on a des boulangeries et on parle même de y a des mots affreux comme bagagerie ou sweaterie par exemple / ça c'est tout le problème des néologismes on crée des mots on en propose certains sont heureux d'autres moins heureux / il est évident que quand on veut concurrencer le mot clip en inventant le mot pastille audio-visuelle y a peu de chances que (rires) cela fonctionne un jour / (...) oui vous savez les Français sont extrêmement euh conservateurs en matière de langue il y a chez les Français une espèce de patriotisme de la langue euh qui fait que / une querelle comme celle de de l'orthographe peut très facilement euh / dégénérer en guerre civile / alors d'une part on entend / beaucoup de gens y compris chez les Français déplorer les difficultés de l'orthographe de la syntaxe et cetera mais dès qu'il s'agit de corriger quelque chose plus personne n'est d'accord / (...) mais regardez le succès aussi des des championnats d'orthographe qu'organise qu'organise Bernard Pivot euh / vous savez chaque pays a son sport national / les Anglais ont le cricket / nous nous avons l'orthographe /

INTERVIEW N° 16
NOËL MAMÈRE,
journaliste et homme politique

le métier que je fais / c'est un métier de journaliste un peu particulier qui est centré sur / la défense des droits de l'homme / je fais une émission qui s'appelle Résistances qui est la seule émission / consacrée exclusivement à la défense des droits de l'homme de toutes les télévisions européennes / et à ce titre / je me bats pour la dignité pour le respect des hommes / que ce soit à Paris en France / ou à l'étranger / c'est la raison pour laquelle j'ai été appelé à beaucoup / me promener dans le monde / dans des pays où on ne peut pas dire que la démocratie soit la vertu la mieux partagée / j'ai essayé de dresser le portrait / de ceux que l'on pourrait appeler / les artisans de la liberté des hommes et des femmes qui ne sont pas / forcément des Sakharov qui ne sont pas des Walesa mais qui là où ils sont euh / se battent pour la même cause qui est celle du respect et de la dignité des hommes / et c'est euh une forme de journalisme tout à fait passionnante / non seulement parce qu'elle permet de faire / découvrir aux Français la réalité de pays qui sont loin de chez eux / elle permet de leur faire découvrir que au fond / en France / ils vivent dans des conditions formidables / par rapport à bien d'autres pays / ça c'est la fonction du journaliste de **tou**s les journalistes / mais Résistances permet aussi de mener le vrai un combat de valeur un combat moral et j'allais dire un combat p**o**litique au sens n**o**ble du terme / (...) j'ai toujours eu ce goût / de l'engagement / avant Résistances j'ai fait pendant cinq ans / une émission qui s'appelait c'est la vie / qui était / consacrée à la vie quotidienne / à la d**é**fense des citoyens et des consommateurs c'était une **fo**rme de journalisme engagé / et sans doute parce que j'ai toujours vécu ma vie comme un engagement / il était / inévitable / qu'un jour ou l'autre / je / fasse le choix de m'engager définitivement dans la vie de la cité / c'est la raison pour laquelle je suis aujourd'hui maire d'une commune / proche de Bordeaux toute proche de Bordeaux qui compte vingt-trois mille habitants et qui s'appelle Bègles / (...) je suis né à Libourne qui est au bord de la Dordogne de l'Isle et de la Dordogne au confluent de deux rivières / qui est une grande capitale du vin puisque / des grands crus comme Saint-Émilion / Pommerol et Fronsac sont à / cinq kilomètres de Libourne / j'ai été élevé à Libourne / mes parents y habitent toujours / et / j'ai toujours été attaché à / ma région à mes racines / et si je me suis engagé dans la vie politique chez moi dans ma région p(u)isque Bègles est à vingt-cinq kilomètres de Libourne / et que je suis suppléant du député de de Libourne / c'est parce que j'avais envie de revenir à mes racines et je n'aurais jamais imaginé l'engagement politique autrement que chez moi / pa(r)ce que je crois qu'il est important qu'on cultive ses racines lorsqu'on a la chance d'en avoir /

INTERVIEW N° 17
JEANINE LE FLOCH-FOURNIER,
fonctionnaire

moi j'ai envie de te dire que je me sens plutôt italienne / (rires) parce que / ben ma mère est italienne / et en même temps je suis profondément française / et que c'est pas un hasard / si / petite-fille d'émigrés italiens / j'ai choisi de servir l'État fra**n**çais / c'était une façon de mieux encore accrocher / de m'accrocher à ce ce qu'est / euh / à ce qu'est l'esprit français et je suis effectivement représentative de l'esprit français puisque je suis une **fo**nctionnaire fran**ç**aise (...) / moi ce qui me paraît aussi caractériser beaucoup l'esprit français c'est une espèce d'absence de distances par rapport à ce que font les **ge**n**s** / je trouve que quand je vois des fonctionnaires étrangers ou même quand tu vois des d'autres personnes de de pays étrangers / i(l)s savent souvent prendre la distance avec ce qu'ils font / être un peu ironiques / alors que je trouve que les Français i(l)s sont très **sé**rieux / ils se prennent au sérieux voilà / alors que tu peux être sérieux sans **te** prendre au sérieux / dans le milieu que je moi je fréquente qui sont quand même à / **gra**nde majorité des hommes **ca**dres de l'administration / i(l)s se prennent **trè**s **trè**s au sérieux de temps en temps ils manquent un peu de distance et ça **ç**a me paraît être un défaut / euh des Fran**ç**ais / (...) alors moi d'abord ce qui était cl**air** / et depuis toute petite c'est que j'aurais pas la vie de ma mère et de ma grand-mère / donc je ne serais pas une femme au foyer / ça c'était vraiment / **trè**s cl**air** dans ma tête / donc je je savais que je voulais tra**va**iller / et en même temps effectivement avoir une vie de femme avoir des enfants / parce que / même si de temps en temps tu t'interroges sur le fait d'avoir des enfants et ce que ça imp**li**que et peut-être t'es pas faite pour en avoir tu es plus faite pour te réaliser toi comme personne euh / comme individu et pas forcément en tant que mère y a quand même un espèce de / poids social qui fait que quand tu te maries / quand tu vis avec quelqu'un c'est pour faire des enfants et les élever / donc euh j'ai suivi la filière classique / pour ça mais pour le travail euh / ça c'était clair que moi je voulais travailler donc j'ai poussé la seule chance que j'avais c'était d'être bonne à l'école / parce que en étant bonne à l'école ben j'ai eu des bourses donc j'ai pu continuer plus longtemps / et pas me retrouver piégée à faire un travail que j'aimais pas euh et donc du coup à se marier parce que tu préfères / faire euh autre chose que travailler / où tu t'embêtes donc ça ça a vraiment été un choix dans ma tête c'était peut-être pas dit clairement mais ça été très très fort / et donc j'ai fait des études supérieures pour ça / et je / je j'avais envie de travailler / (...) j'ai une copine qui qui avait fait une fois / une série d'interviews à la sortie de / des églises a auprès de couples qui venaient de se marier / et ce qu'elle posait comme question était est-ce que vous vous rendez compte tous les deux que vous en avez pris pour cinquante ans / (rires) bon parce qu'il y a / la durée / l'allongement de la durée de la vie fait que maintenant quand tu te maries à vingt ans / t'as des ch- / si tu restes ensemble t'en as pour cinquante ans de vie commune / donc à première ima- / (rires) les gens ils avaient l'air de dire ah ben non j'ai pas pensé à ça (rires) cinquante ans ouh là là quoi bon premier point y a l'allongement de la vie qui fait que quand tu te maries / tu te rends pas compte que ça va durer aussi longtemps / tu as beau dire c'est pour toujours le toujours il est tellement / tu vois / mais quand on te dit concrètement vous en avez pour cinquante ans à vivre avec cet homme-là / tu commences à t'interroger un peu /

INTERVIEW N° 18
JACQUES ENJALBERT,
pilote de ligne

je pense que le Français n'est pas très curieux de ce qui se passe à / l'extérieur / je pense qu'il a euh des raisons légitimes d'être satisfait globalement de ce qu'il est mais je crois qu'une caractéristique / à mon point de vue / du Français c'est qu'il est très individualiste / et en fait en dehors de quelques mouvements cocardiers euh le Français est individuellement satisfait de lui-même / et il étend ça à la nation tout entière puisque ses coreligionnaires sont forcément aussi / euh intéressants et bons que lui / (...) je crois que les Français / les Français ont de l'humour ont un certain sens de l'humour euh à y regarder de plus près euh / il y aurait peut-être une difficulté pour le Français à euh faire de l'humour à ses dépens / (...) en essayant de prendre un petit peu de recul ce qui est toujours difficile pour un Français / je crois me rappeler d'une euh d'une phrase qui ressemble à une boutade qui est euh / qu'est ce qu'une personne qui parle trois langues c'est un trilingue / une personne qui parle deux langues c'est un bilingue / et une personne qui ne parle qu'une langue / c'est un Français /

REFERENCES PHOTOGRAPHIQUES

p.5 : SYGMA , Andanson ; p.10b : Nathan, Sacem ; p.23g : SCOPE , Beuzen ; p.23d : EXPLORER , Jalain ; P.24 : RAPHO , Weiland ; p.26 : Collection particulière ; p.29 : RAPHO , Baret ; p.30g : RAPHO , Charles ; p.30m : ROGER-VIOLLET ; p.30d : ROGER-VIOLLET ; p.34h : Terrasson ; p.34b : RAPHO , Charles ; p.60 : YVES SAINT-LAURENT Rive Gauche.

Couverture : Génia
Illustrations : Xavier Hue
Recherche iconographique : Atelier d'Images
Composition , mise en page : CND International
Edition : Corinne Booth-Odot

Aubin Imprimeur
LIGUGÉ, POITIERS

Achevé d'imprimer en juillet 1992
N° d'édition 10011713-II-(a)-(OSB-80) / N° d'impression L 40682
Dépôt légal juillet 1992 / Imprimé en France